LE MANUEL

DE LA VOLONTÉ

LE MANUEL DE LA VOLONTÉ

PAR B. DANGENNES

TABLE DES MATIÈRES

* * *

PREMIÈRE PARTIE

DEUXIÈME PARTIE

TROISIÈME PARTIE

QUATRIÈME PARTIE

LE MANUEL DE LA VOLONTÉ

PAR B. DANGENNES

ÉDITIONS NILSSON

71, Rue Richelieu, 71

PARIS

AVANT-PROPOS

A ceux qui pouvaient encore douter de la suprématie de la Volonté, des événements, dont la puissance irrésistible est venue bouleverser le monde, ont prouvé que cette faculté doit être considérée comme le moteur le plus formidable des énergies et des résolutions intéressant l'avenir des hommes et la vitalité des peuples.

Si nous étions au temps où l'humanité vénérait les entités favorables, sous une forme tangible, la volonté aurait ses temples et ses prêtres.

Elle a cependant ses dévots, qui en ont fait une sorte de religion laïque, dont ils sont les desservants, à la fois fiers et dociles, épris en même temps de discipline et de liberté, d'activité et de patience, de fermeté et de douceur ; en un mot, prêts à exalter, sous ses multiples aspects, cette vertu des forts et des victorieux de la vie.

Ce livre a été écrit pour répondre au vœu de ces fervents de la volonté, désireux de voir leur culte enseigné à tous, sous une forme facile, concise, et dépouillée des abstractions, qui, trop souvent, hérissent les abords de la volonté, de barrières que les profanes hésitent à franchir.

B. D.

PREMIÈRE PARTIE

I. — DÉFINITION DE LA VOLONTÉ

Première Leçon

Qu'est-ce que la Volonté ?

La Volonté est une faculté qui permet de se déterminer à une action choisie.

Quel est le principe de la Volonté ?

La durée. Toute volonté qui n'est pas durable ne peut être regardée comme une Volonté véritable.

Développez votre pensée.

La Volonté n'est pas une crise passagère, ne se manifestant qu'à de certains intervalles et sous l'influence de circonstances spéciales. C'est un état auquel on parvient lentement, pour y persévérer ensuite et s'y complaire sans efforts.

La pratique de la Volonté ne comporte-t-elle pas une propension au despotisme ?

Non ; la Volonté véritable ne comporte ni despotisme, ni désir d'arbitraire : c'est une pénétration profonde du sentiment de la justice, fortifié de la confiance en sa propre valeur.

Cette confiance n'est-elle pas de la présomption ?

Non, lorsqu'elle obéit aux lois de la Volonté ; c'est-à-dire lorsqu'elle se base sur l'étude des possibilités favorables et sur la conviction des réalisations heureuses, qui ne peuvent manquer d'en découler.

La Volonté existe-t-elle chez tous les êtres ?

Oui, elle existe chez tous les êtres, mais à l'état embryonnaire.

Pourquoi est-il nécessaire de la cultiver ?

Parce que, sans direction, elle ne pourrait donner que des résultats négatifs et fâcheux.

Pour quelles raisons ?

Il en est plusieurs qui pourraient se résumer en une seule : Les fausses volontés sont toujours dangereuses et parfois malfaisantes.

Qu'appelez-vous fausses volontés ?

Ce sont les actes d'autorité irréfléchie ou d'entêtement

sans motif, que commettent ceux qui ne sont pas versés dans l'étude de la Volonté.

Pouvez-vous donner des exemples ?

Il est des gens qui se croient doués de Volonté, parce qu'à un moment donné, ils sont capables de produire un acte décisif, que le raisonnement n'a pas préparé et qui ne doit être confirmé par aucune manifestation destinée à le renforcer.

D'autres pensent faire preuve de volonté en persévérant contre toute logique, dans un entêtement qui demeurera forcément stérile.

Pourquoi sera-t-il forcément stérile ?

Parce qu'il va à l'encontre des principes de raison et de vérité, sans le secours desquels il est impossible d'édifier de fructueux achèvements.

N'y a-t-il point d'autres formes de fausses volontés ?

La volonté non cultivée usurpe souvent ce nom, alors qu'elle n'est qu'un fantôme de volonté intermittente.

Qu'appelez-vous volonté intermittente ?

C'est une succession de volontés arbitraires, rarement accomplies et suivies de périodes de défaillance morale.

C'est une série d'élans inégaux, que l'on pourrait comparer à des tentatives d'ascensions téméraires, interrompues par autant de chutes piteuses.

Dans quelles circonstances la Volonté doit-elle intervenir ?

La Volonté doit planer sur toutes les circonstances de la vie ; elle intervient dans les résolutions les plus graves comme dans les menues décisions, qui ne sont que l'interprétation de ses ordres.

Est-il donc besoin de Volonté dans l'accomplissement d'actes ordinaires ?

Oui, car cet accomplissement exige souvent plus de volonté durable que les réalisations importantes.

Développez votre pensée.

Il faut plus de force de volonté pour remplir une tâche obscure et fastidieuse, dont on paraît ne recueillir aucun profit immédiat, que pour accomplir un acte héroïque, facilité par l'enthousiasme du moment et l'appât de la gloire qui doit en résulter.

La Volonté est-elle donc la vertu des humbles ?

Elle est la vertu des forts, qui, grâce à elle, savent aussi bien se résoudre à la pratique des ternes soins, dont la répétition demande une maîtrise constante de soi, qu'à la production d'actes brillants ou de résolutions énergiques.

Existe-t-il des êtres naturellement dépourvus de Volonté ?

Tous les être normaux sont doués de volonté. Chez les animaux même, ainsi que chez les humains, très près encore de la nature, la volonté existe, imparfaite et inégale, sans doute, mais certaine, sous la forme d'un désir obscur, confinant à l'instinct.

Par quel moyen cet instinct peut-il devenir de la Volonté chez les humains ?

Par le moyen de la culture.

Deuxième Leçon

LA CULTURE DE LA VOLONTÉ

Qu'entendez-vous par ces mots : la Culture de la Volonté ?

C'est la transformation en résolutions logiques et motivées de cette volonté inférieure dont nous venons de parler, et qui, sous le nom d'instinct, dort dans chaque créature.

Par quel moyen obtient-on cette transformation ?

Par le moyen de l'étude.

Pourquoi donne-t-on à cette étude le nom de culture ?

Parce que, pour arriver à son complet épanouissement, la volonté naturelle, que nous avons défini sous le nom d'instinct, a besoin de soins spéciaux et prolongés.

Parlez-nous de ces soins.

On pourrait comparer la volonté naturelle à un églantier, qui, à l'état de nature, ne produit que des fleurs rares, entourées de nombreuses épines, et ceci, pendant quelques jours de l'année, seulement.

Mais si un habile jardinier en prend soin, l'églantier, en un temps donné, se transformera en un rosier, portant, durant la plus grande partie de l'année, de magnifiques fleurs.

Ces soins ne sont-ils que temporaires ?

Ils doivent être continus ; mais, après l'obtention du plein épanouissement, ils délaissent la période de l'activité pour entrer dans celle de la continuité.

Qu'entendez-vous par là ?

Les interventions, nombreuses d'abord, se feront plus rares ensuite, ne s'effectuant qu'au moment où leur apparition deviendra nécessaire, pour empêcher l'arbuste de redevenir à l'état sauvage et pour le maintenir dans celui où l'on a voulu l'amener.

Cette continuité de soins est-elle nécessaire pour le maintien de la Volonté ?

Oui, car pour acquérir la mutation durable de la volonté naturelle en Volonté véritable, il est nécessaire d'éviter les mouvements d'âme qui se rapportent à l'état primitif, pour n'accueillir que les pensées efficaces.

Qu'appelez-vous pensées efficaces ?

Celles dont la production peut concourir à l'anéantissement de la volonté inférieure et à l'édification du sentiment de maîtrise de soi.

Ce sentiment ne comporte-t-il pas d'orgueil ?

Il porte en lui l'orgueil qui vient de la conquête.

De quelle conquête voulez-vous parler ?

De celle que l'être de volonté remporte sur lui-même, d'abord, puis de celles qui lui échoieront sur les âmes de ceux dont il fera, suivant les circonstances, des collaborateurs ou des auxiliaires.

Qu'entendez-vous par collaborateurs et auxiliaires ?

S'il est des êtres que leur force d'âme, ou leur connaissance parfaite des qualités de volition, désignent pour les travaux actifs de la Volonté, il en est d'autres qui ne sont capables que d'une volonté passive, très nécessaire et très louable, cependant, mais qui, pour paraître dans toute son intensité, a besoin d'être étayée par une Volonté directrice. Ces êtres-là sont les auxiliaires.

D'autres, mieux trempés, seront les collaborateurs des maîtres, en attendant que, par la vertu seule de la Volonté, ils deviennent des conquérants à leur tour.

La Volonté obéit-elle à des lois personnelles ou à des lois générales ?

Avant de faire subir à la Volonté le joug des lois personnelles, il est indispensable de s'être imprégné de ses principes.

Pour quelles raisons ?

Afin d'éviter les pièges de l'égoïsme et du faux raisonnement.

La culture de la Volonté a-t-elle encore d'autre but ?

Celui de nous éclairer sur nos propres tendances et de nous permettre de discerner celles qu'il faudra combattre, de celles que nous devrons développer et amplifier dans le sens du Mieux.

Que concluez-vous ?

Je conclus à la nécessité absolue de l'étude et de la culture de la Volonté.

Donnez vos raisons.

Une seule suffit : La Volonté est la genèse des forces qui régissent la vie et son épanouissement intégral doit être le but de tous ceux qui désirent acquérir une maîtrise incontestée.

II. — LES PHASES DE LA VOLONTÉ

Première Leçon

LA PERCEPTION

Quelles sont les phases initiales de la Volonté ?

On en compte quatre principales.

Nommez-les.

La perception.
Le désir.
La délibération.
L'Acte.

Qu'est-ce que la perception ?

La perception est le phénomène par lequel les choses extérieures parviennent à notre cerveau.

A quel organe s'adresse la perception ?

La perception intéresse tous nos sens :
La vue, par la vision de l'objet.
L'ouïe, par le son.
L'odorat, par les parfums et les arômes.

Le toucher, par la forme et le contact des objets.
Le goût, par la saveur.

La perception est-elle toujours physique ?

Elle est physique lorsqu'elle parvient d'abord à nos sens, mais elle devient mentale quand elle découle de la réflexion.

Cependant, dans ce dernier cas, elle adopte un caractère dépendant.

Pour quelle raison ?

Parce qu'elle est toujours l'effet d'une réminiscence, relative à une ancienne perception.

La perception est-elle une sensation simple ?

Non, car elle revêt deux formes, dont l'apparition presque simultanée constitue une sensation complexe.

Quelles sont ces formes ?

L'impression.
L'enregistrement.

Qu'est-ce que l'Impression ?

C'est la perception initiale, s'adressant à l'un de nos sens.

Qu'est-ce l'Enregistrement ?

L'enregistrement est l'opération mentale qui fixe la

nature de l'impression, par le moyen d'un travail immédiat
de représentation mentale.

Quelle est la marche de la perception concernant la vue?

C'est d'abord une impression visuelle. Puis, presque si-
multanément, vient le travail du cerveau, qui, servi par
la mémoire, enregistre la nature de la chose vue.

Parlez de la perception concernant l'ouïe.

La perception est d'abord purement auditive ; puis,
par suite de l'enregistrement, elle se transforme en une vision intérieure de l'objet, cause du bruit entendu.

**Qu'arrive-t-il si ce bruit est causé par un son dont le but est
idéal, comme la musique?**

Il est rare que, chez les mélomanes, la perception reste
purement auditive et ne se rattache pas à une interprétation, puisant sa source dans l'enregistrement d'une perception ancienne.

Expliquez votre pensée.

Une phrase musicale, suivant l'inspiration qui l'a dictée,
parlera de paix, de sérénité, de tempête ou d'orages, et,
par cela même, fera surgir dans l'esprit des auditeurs, des
réminiscences de bois, de champs, de mer en furie, etc...
En un mot, on peut dire que, presque sans exception,
la perception auditive éveille toujours l'enregistrement
d'une forme.

Définissez la perception de l'odorat.

L'odeur est d'abord perçue, et, la mémoire aidant, l'image de l'objet qui dégage l'odeur se profilera instantanément sur l'écran du cerveau.

Quelles sont les phases de la perception du toucher?

La perception du toucher consiste d'abord dans la reconnaissance de l'objet, au moyen du contact, puis, par la représentation intérieure de son aspect et de ses contours.

Parlez de la perception concernant le goût.

La saveur de l'objet indique sa nature et, avec l'aide de la mémoire, l'imagination le reproduit aussitôt.

Pourquoi l'imagination doit-elle être aidée par la mémoire?

Parce que c'est la mémoire qui nous fait déterminer la nature de l'objet perçu par l'un de nos sens.

Qu'arriverait-il si l'objet nous était inconnu?

Dans ce cas, la première partie de la perception subsisterait seule et l'enregistrement n'aurait pas lieu.

Deuxième leçon

LE DÉSIR

Quelle est la deuxième phase de la Volonté?

Le Désir.

Qu'est-ce que le désir?

C'est une aspiration, nettement formulée ou parfois confuse, vers une possession quelconque, ou vers l'accomplissement d'un acte.

Le désir est-il actif ?

Il contient toujours une aspiration, consciente ou non, vers l'activité.

Quelle différence y a-t-il entre le désir et la Volonté?

Le désir peut se borner à un souhait stérile tandis que la Volonté ne recherche que la conquête du but.

Est-ce la seule différence ?

La Volonté ne s'arrête qu'aux projets réalisables.
Le désir ne tient pas compte des impossibilités.

Le désir est-il un sentiment simple?

Il peut être complexe, s'il porte sur un objet inaccessible.

Quel autre sentiment s'y mêle, alors?

Le regret.

Donnez un exemple.

On peut *désirer* avoir des ailes et regretter que la nature ne permette point à l'homme d'en posséder ; mais on ne peut *vouloir* avoir des ailes, puisqu'on se heurterait à une impossibilité, dérivant du principe des lois naturelles. La Volonté, dans ce cas, n'a donc point à subir un regret, que la vanité du désir seul peut produire.

Quelle autre différence voyez-vous entre le désir et la Volonté?

Le désir, dans sa phase initiale, ne voit que la fin sans songer aux moyens.

La Volonté, avant de s'arrêter sur une idée, pèse d'abord la valeur des possibilités, par rapport aux moyens dont elle dispose.

Le désir se présente-t-il toujours sous le même aspect?

Non : les aspects du désir sont multiples et peuvent être contradictoires.

La Volonté peut-elle être multiple ou contradictoire ?

La Volonté est unique.

Pouvez-vous donner une laconique définition de ces deux états?

Le désir est une aspiration.
La Volonté est un choix.

Troisième Leçon

LA DÉLIBÉRATION

Quelle est la troisième phase initiale de la Volonté ?

La délibération.

Qu'est-ce que la délibération ?

La délibération est l'opération mentale qui permet de peser les avantages de l'acte à effectuer et laisse la faculté de l'accomplir ou d'en repousser l'exécution après examen.

La délibération ne comporte-t-elle pas elle-même plusieurs phases ?

Elle en comprend de nombreuses.

Nommez les plus importantes.

On compte huit phases principales de la délibération.

1º Formation et exposition de l'idée.

2º La coordination.

3º L'élimination.

4º La prévision et la prévoyance.

5º Le raisonnement.

6º La déduction.

7º Le jugement.

8º La décision.

Quatrième Leçon

FORMATION ET EXPOSITION DE L'IDÉE

Qu'est-ce que la formation de l'idée?

C'est une sorte de perception, plus étendue, cependant, que la perception initiale, car elle comprend en même temps la phase du désir et la vision de sa réalisation.

Comment cela peut-il se faire?

Par la raison suivante : L'esprit, dans la phase de la formation de l'idée, admet la réalisation, sans s'arrêter aux probabilités et sans peser la somme des possibilités.

Comment pourrait-on qualifier cette opération de l'esprit?

On pourrait dire que, dans ce cas, la pensée décrit une parabole, allant de la perception à l'achèvement, en touchant uniquement à ces deux points extrêmes, pour passer au dessus des pensées intermédiaires.

Qu'appelez-vous les pensées intermédiaires?

Dans ce cas, les pensées intermédiaires sont celles qui concernent les moyens d'atteindre l'achèvement.

Pourriez-vous donner un exemple?

Supposons qu'une personne éprouve le désir de contempler une aurore boréale :

En même temps que ce souhait, des images, que le souvenir ou la reproduction lui a rendues familières, se présenteront à son esprit, retraçant les pays scandinaves et leurs splendeurs glacées.

La pensée a donc décrit une parabole, puisque, entre la formation de l'idée et l'accomplissement, aucune autre image ne s'est glissée.

Quand les images intermédiaires apparaîtront-elles ?

Au cours de la deuxième forme, comportant l'exposition de l'idée.

Comment se produira cette intervention ?

A ce moment, l'acte à produire ou l'accomplissement à parfaire ne se présenteront plus, dépouillés de toute autre considération. Ils se silhouetteront d'abord dans la pensée, à travers le brouillard des moyens non définis, mais pressentis, déjà, puis ils se montreront entourés des formes précises, composant le cortège de l'idée, c'est-à-dire celui des efforts qu'il s'agira de mener à bien pour parvenir aux fins que l'on se propose.

Quelles sont les lois qui régissent ces efforts ?

On doit citer avant tout, les lois de la possibilité.

Cinquième leçon

DES LOIS DE LA POSSIBILITE

Parlez-nous des lois de la possibilité.

On peut les diviser en quatre groupes :
1º Les possibilités physiques.
2º Les possibilités économiques.
3º Les possibilités matérielles et morales.
4º Les possibilités purement morales.

Qu'entendez-vous par le mot : possibilité ?

C'est la qualité de ce qui est possible.

Donnez des exemples de possibilités physiques.

On doit compter en toute première ligne la bonne santé, ou, tout au moins, l'absence de maladies ou d'infirmités, qui rendraient très pénibles l'exécution des résolutions, et, dans des cas nombreux, seraient de nature à l'entraver complètement.

Donnez des exemples de possibilités économiques.

La possibilité de rassembler la somme exigée par les circonstances que l'on veut créer, ou encore, la certitude absolue de faire face aux frais imposés par la résolution que l'on est sur le point de prendre.

Quelles sont les possibilités matérielles?

Elles sont plus complexes et varient suivant la situation de chacun.

Dans le nombre on doit compter surtout les moyens de se procurer le loisir nécessaire à la réalisation projetée.

Vient ensuite la question des facilités ou des difficultés de l'entreprise, qui ne doit en rien contrevenir aux lois naturelles.

En dernier lieu, il faut mentionner l'examen attentif, qui, suivant l'avantage donné aux possibilités matérielles, fera admettre ou rejeter la résolution.

Qu'entendez-vous par ces mots : possibilités matérielles et morales ?

C'est la réunion des possibilités matérielles dont nous venons de parler et des possibilités morales, représentées par la conviction qu'aucun dommage sérieux ne résultera pour l'avenir de la résolution à laquelle on désire s'arrêter.

Pourrait-on négliger impunément quelques-unes de ces possibilités ?

On ne peut en négliger aucune sans s'exposer à éprouver un préjudice réel, ou à voir disparaître les chances de réalisation.

Qu'entendez-vous par le mot : préjudice ?

La perte résultant de l'inobservance de l'une de ces impossibilités.

Donnez un exemple.

Un employé qui, pour parvenir à l'accomplissement d'un projet frivole, aurait contracté des dettes et perdu sa place, aurait satisfait aux possibilités physiques, économiques et matérielles, mais, en négligeant les possibilités morales, il aurait gravement compromis sa situation sociale, commettant, en outre, une énorme faute, puisqu'il aurait péché contre la Volonté, en agissant d'une façon impulsive et irréfléchie.

Qu'entendez-vous par possibilités purement morales?

Celles qui concernent exclusivement les actes qu'on peut effectuer sans commettre une mauvaise action ou un acte nuisible au succès futur.

Donnez des exemples.

Quitter, pour entreprendre un voyage inutile, un parent malade, dont cette négligence peut changer les dispositions favorables : c'est-à-dire, commettre un acte d'indifférence blâmable, en même temps qu'une maladresse préjudiciable.

Dans le même ordre d'idées, pécheraient encore contre la Volonté en négligeant les possibilités morales :

L'élève qui, pour satisfaire une fantaisie, manquerait un examen duquel dépend son avenir.

Celui qui, sans raison péremptoire, se dispenserait de remplir un devoir, classé dans les obligations purement morales, cependant, mais de nature à exercer une influence heureuse sur sa vie.

Que concluez-vous ?

Qu'aucune des lois de possibilité ne doit être violée par celui qui a la volonté de réussir.

Sixième Leçon

LA COORDINATION

Quelle est la 2ᵉ phase de la délibération ?

La coordination.

Qu'est-ce que la coordination ?

C'est une science qui permet de classer les pensées et les actes, en les juxtaposant dans un ordre spécial.

Qu'entendez-vous par ce mot : spécial ?

Suivant la nature des choses, elles devront être coordonnées dans un ordre hiérarchique ou dans un ordre de succession auquel on donne, par extension, le nom d'ordre chronologique.

Qu'appelez-vous ordre hiérarchique ?

C'est celui qui concerne le degré d'importance des choses,

en indiquant la préséance qu'il faut attribuer à chacune d'elles.

Qu'est-ce que l'ordre chronologique ?

C'est l'art de distribuer le temps et les efforts, de façon à ce qu'il ne soit jamais nécessaire de revenir en arrière pour réparer un oubli.

Les besognes entreprises dans le souci de l'ordre chronologique se trouvent ainsi achevées dans le temps où elles doivent l'être et les efforts ne risquent jamais d'être prématurés ou périmés.

Que concluez-vous ?

La coordination, en évitant la perte du temps et en assignant aux choses le rang qui leur est dû, éloigne les hasards malencontreux, ou, tout au moins, en atténue la fréquence.

Septième Leçon

L'ÉLIMINATION

Quelle est la troisième phase de la délibération ?

L'élimination.

Qu'est-ce que l'élimination?

L'élimination comporte l'éviction des motifs étrangers à l'idée et le bannissement des pensées parasites, qui tenteraient de se greffer sur la pensée principale, sans y apporter aucun élément utile.

Qu'appelez-vous : pensées parasites ?

Ce sont les pensées, qui, parties de la pensée principale, s'en écartent bientôt, entraînant l'esprit à leur suite et l'éloignant des fins projetées.

Que faut-il faire pour procéder à une fructueuse élimination ?

Il est indispensable de faire appel à la Volonté pour trouver en soi la force d'éliminer toutes les pensées ne se rattachant pas directement au but, et de les repousser, dès qu'on en constate l'invasion, pour reprendre sa méditation au début de l'exposition de l'idée.

L'Elimination ne concerne-t-elle que les pensées ?

Elle concerne encore les moyens.

Comment l'entendez-vous ?

Par l'élimination, on écartera les efforts inutiles, ceux qui seraient disproportionnés à l'importance du but, ceux encore, dont la qualité pourrait amener une bifurcation, maladroite, et l'on s'en tiendra aux résolutions efficaces et aux actes essentiels.

Qu'en concluez-vous ?

L'élimination, pour les novices de la Volonté, joue le rôle de la hache, qui, dans les halliers trop épais, ouvre un che-

min praticable et atténue ainsi les difficultés de la marche, en réservant les forces du voyageur, pour la production
de l'effort, qui devra marquer son arrivée en temps utile.

Huitième Leçon

LA PRÉVISION ET LA PRÉVOYANCE

Quelle est la quatrième phase de la délibération?

La prévision, qui comprend également la prévoyance.

Quelles sont les marques qui distinguent ces deux facultés ?

La différence qui existe entre la prévision et la prévoyance est assez subtile.

Cependant on pourrait l'énoncer ainsi :

La prévision est une opération mentale.

La prévoyance se résoud le plus souvent par un acte physique.

Développez votre pensée en ce qui concerne la prévision.

La prévision est une manifestation de l'activité cérébrale, qui permet un éveil de mémoire, retraçant des circonstances analogues et suggérant ainsi la résolution présente.

De quelle façon?

En vertu du principe, décrétant que des événements semblables se produisant dans des circonstances analogues, doivent amener une conclusion identique.

Parlez-nous de la prévoyance.

La prévoyance est, ainsi qu'il est dit plus haut, une faculté qui pourrait être considérée comme dépendante de la prévision.

Pour quel motif ?

Parce que la prévoyance est toujours la conséquence de la prévision.

En quel sens ?

C'est la prévision qui pressent le retour de l'événement, mais c'est la prévoyance qui effectue l'acte destiné à en éviter les suites malencontreuses.

La prévoyance ne peut-elle exister sans la prévision ?

Non, car elle s'exerce, au sujet des circonstances futures, en exécutant les ordres dictés par la prévision.

La prévision peut-elle exister sans la prévoyance ?

Oui, car la prévision peut être simplement idéale.

Qu'entendez-vous par là ?

Il est possible de prévoir avec sagacité la marche des incidents, tout en négligeant d'effectuer les gestes, destinés à en pallier les conséquences.

Pouvez-vous donner un exemple se rapportant à ces deux facultés ?

Un homme, sur le point d'entreprendre une longue route voit le ciel se couvrir d'épaisses nuées sombres : aussitôt, sa mémoire lui retrace le souvenir d'orages, précédés par de pareils signes atmosphériques, et la prévision, basée sur le principe des conclusions identiques amenées par des circonstances analogues, entraînera pour lui la certitude d'une pluie abondante et prochaine.

En admettant que la sagesse de cet homme se borne à la prévision, il se trouvera exposé sans défense aux intempéries du ciel. Mais si cette prévision se double de prévoyance, il produira le geste qui doit l'en défendre. Ou il attendra pour partir que l'ondée prévue ait pris fin, ou il se munira de vêtements protecteurs.

En un mot, après avoir, grâce à la prévision pronostiqué l'orage, il fera appel à la prévoyance, pour en neutraliser les désastreux effets.

Le rôle de la prévoyance est donc subordonné aux ordres de la prévision?

La prévision, ainsi qu'il a été dit plus haut signale à la prévoyance les incidents dont la nature pourrait entraîner de fâcheux effets et le rôle de la prévoyance consiste dans la fonction de les combattre, de les atténuer, de les borner, ou de les éliminer.

Pourriez-vous donner un autre exemple ?

Dans une chambre dont la fenêtre est ouverte, une bougie brûle près d'un rideau de mousseline légère.

La prévision avertit du danger que fera naître le moindre souffle venu du dehors, en mettant le rideau en contact avec la flamme de la bougie.

Mais la prévision seule n'empêcherait pas, le cas échéant, l'incendie d'éclater.

Cependant, si elle appelle la prévoyance à son secours, celle-ci accomplira le geste préservateur, et supprimera toute trace de danger, en conseillant le transport de la bougie loin du tissu diaphane, et son dépôt en un lieu où sa flamme ne peut atteindre aucun objet.

Que concluez-vous de ceci ?

La prévision représente l'activité mentale.

La prévoyance appartient au domaine de l'activité physique.

Neuvième leçon

LE RAISONNEMENT

Quelle est la cinquième phase de la Délibération ?

Le raisonnement.

Qu'est-ce que le raisonnement ?

Le raisonnement est l'opération mentale à l'aide de la-

quelle on assemble tous les éléments comportant les actes
qu'il semble désirable d'accomplir, en assignant à chacun
leur valeur et leur opportunité relatives.

Quelle est la condition nécessaire pour bien raisonner ?

C'est de se rendre un compte exact de l'importance des
choses, et, surtout de les juger sous toutes leurs faces.

Quel est l'ennemi du raisonnement ?

C'est l'à-peu-près.

Qu'entendez-vous par ce mot ?

L'à-peu-près est une appréciation superficielle, formulée
en dehors de l'étude concernant l'évaluation des choses.

En quoi consiste cette étude ?

Dans la connaissance de l'importance que les choses
adoptent, suivant les circonstances qui les environnent.

Qu'entendez-vous par là ?

Il s'agit des circonstances dont l'apparition peut modifier la nature et la portée des faits.

Ces circonstances ont-elles un nom ?

On les désigne sous celui de circonstances principales,
et on pourrait les classer en quatre groupes différents.

Nommez chacun de ces groupes.

Le temps.
Le lieu.
Les éventualités.
Les relativités.

Dixième Leçon

LE TEMPS

Qu'entendez-vous par ces mots : Le temps ?

En matière de raisonnement, le temps a deux significations distinctes :
Il indique parfois la durée.
Mais très souvent aussi, il est pris dans le sens de l'époque.

Parlez-nous de la durée ?

Le temps, pris dans le sens de durée, joue un rôle considérable dans le raisonnement.
Nombreux sont ceux qui ignorent la valeur du temps, et plus nombreux encore ceux qui la méconnaissent.

Que dites-vous des premiers ?

Les ignorants de la valeur du temps pourraient se diviser en deux catégories.
Ceux qui pensent toujours avoir le temps nécessaire pour arriver au but.

Ceux qui n'osent rien entreprendre, parce qu'ils s'exagèrent les exigences temporaires de la besogne.

Quels sont ceux qui se trompent ?

Ils sont tous dans l'erreur et ne peuvent émettre que de faux raisonnements.

Pour quelles raisons ?

Les premiers, parce que leur confiance dans la lenteur de l'heure les incite à des retards préjudiciables.

Les seconds, en amplifiant la rapidité de la course du temps, par rapport à leurs projets, ne parviennent jamais à établir une décision basée sur un raisonnement juste, et perdent en hésitations une partie de ce temps, qu'ils trouvent déjà si restreint.

Qu'entendez-vous par le temps, pris dans le sens d'époque ?

Tout raisonnement qui n'est pas entaché d'erreur, doit s'établir sur la recherche du progrès, consécutif à l'époque.

Comment démontrez-vous ceci ?

Parce que le progrès nous entraîne toujours vers des créations nouvelles ; or, le raisonnement le plus simple démontre que le succès appartient de droit à ceux qui, délaissant les idées et les pratiques désuètes, adoptent celles que l'évolution contemporaine impose.

Quelle est l'influence mentale du Temps sur le raisonnement ?

Elle est en étroite corrélation avec le progrès.

Développez votre pensée.

Il est incontestable que la mentalité évolue, en même temps que les circonstances de la vie se modifient.

Donnez des exemples ?

A l'époque où les moyens de transport étaient lents et coûteux, la difficulté des déplacements, en augmentant le nombre des gens sédentaires, créait une ambiance générale, dans laquelle l'activité cérébrale, peu sollicitée par l'activité physique, s'alanguissait volontiers. Maintenant, grâce à la rapidité des moyens modernes de transport, le champ des opérations sociales s'est élargi et notre pensée doit s'exercer pour les combiner, à mesure qu'elles nous sont imposées par notre ambition, ou par la nécessité de nous maintenir au niveau de nos contemporains.

Qu'en concluez-vous ?

Le temps a une influence certaine sur le raisonnement :

1º Par la connaissance de sa valeur, connaissance qui, dans la coordination des actes, prend le rôle primordial.

2º Par les modifications que le progrès, dont le temps est le générateur, impose aux idées et à leur appréciation.

Si ceux de l'époque actuelle, oubliant la valeur du temps et son influence directrice, s'entêtaient à raisonner de la même façon que leurs ancêtres, ils deviendraient les proies certaines de l'échec et de la misère.

Onzième Leçon

LE LIEU

Quelle est la deuxième circonstance principale ?

Le lieu.

Parlez du lieu, par rapport au raisonnement.

Le lieu a une importance indéniable sur le raisonnement, car les actes, les gestes et les pensées se modifient, s'atténuent ou s'exaltent suivant les lieux.

Qu'entendez-vous par là ?

Il est des pensées et des attitudes, qui, admissibles dans un endroit cessent de l'être dans un autre.

Donnez des exemples.

On parle bas dans une église.

On élève la voix dans une réunion publique.

On se découvre dans un salon.

On se couvre d'un chapeau pour sortir.

On pourra, sans incorrection, émettre certaines hardiesses de pensée, dans une réunion composée de gens avertis et mûrs.

On se gardera bien de le faire dans une maison d'école, devant de jeunes enfants qui, incapables de démêler la beauté d'une idée d'avant-garde, seraient tentés de prendre les exhortations à la liberté de pensée pour une invitation au désordre et à la licence.

Enfin, même dans le cas où l'on se trouverait parmi des inconnus, on prendra inconsciemment, dans une maison habitée par la mort, une attitude différente de celle qui l'on adoptera pour pénétrer dans le logis où une fête se prépare.

Qu'en concluez-vous ?

Le lieu doit être considéré dans toute recherche de raisonnement, comme un facteur contribuant puissamment à modifier l'état mental et, par cela même, imprimant aux résolutions une direction qui, suivant le théâtre de l'action préméditée, devra choisir une ligne précise et toujours conforme aux exigences du lieu désigné.

Douzième Leçon
LES ÉVENTUALITÉS

Quelle est la troisième circonstance ?

L'éventualité.

Qu'est-ce qu'une éventualité ?

C'est la production possible et prévue d'un événement, qui, cependant, pourrait ne pas avoir lieu.

Peut-on prévoir les éventualités ?

Dans tout raisonnement bien établi, les éventualités doivent être, non seulement prévues, mais encore pressenties.

Développez votre pensée.

S'il est indispensable de tenir compte des signes certains annonçant la venue probable d'un incident, il n'est pas moins nécessaire, si l'on ne veut pas pécher contre le raisonnement, d'admettre la possibilité d'une intervention fâcheuse, alors même que tout fait espérer qu'elle ne se produira pas.

Pour quelles raisons ?

Parce que tout raisonnement bien construit comporte une dose de prudence qui ne doit jamais laisser au hasard la faculté de se manifester.

Le hasard existe cependant ?

Oui, mais les adeptes de la Volonté, ceux qui ont appris à cultiver le raisonnement, savent lui faire une part si petite, qu'ils en restreignent les désastreux effets.

De quelle façon ?

En admettant la réalité des éventualités que l'on prévoit et en pressentant celles qui pourraient survenir.

Qu'arrive-t-il alors ?

Après avoir considéré le rôle que chacune de ces éventualités peut jouer dans la résolution projetée, ils s'efforcent de le circonscrire ou de l'amplifier, suivant la nature heureuse ou néfaste qui lui sera propre.

Qu'en concluez-vous ?

Tout raisonnement solide doit avoir pour base l'admission des éventualités, en même temps que la recherche des moyens par lesquels on parviendra à se les rendre favorables, ou — si cela était impossible — à borner les ravages causés par leur apparition.

Treizième Leçon
LES RELATIVITÉS

Quelle est le quatrième groupe des circonstances ?

Les relativités.

Qu'est-ce que la relativité ?

On nomme relativité la comparaison entre deux événements considérés chacun par rapport à l'autre.

Quel est le rôle des relativités dans le raisonnement ?

C'est de déplacer les appréciations, en leur donnant la valeur exacte que leur prêtent les incidents qui leur sont contemporains, ou les conditions dans lesquelles se sont produits les événements, au sujet desquels s'exerce le raisonnement.

L'importance des choses peut-elle varier ?

Elle varie suivant les cas et le milieu où les faits se produisent.

Qu'entendez-vous par là ?

Certains malheurs, si on les compare à ceux qui, dans des circonstances analogues, auraient pu arriver, deviennent des bonheurs relatifs.

Pouvez-vous donner des exemples ?

Un enfant qui tomberait d'un cinquième étage sur le pavé et se briserait seulement la cheville, pourrait être regardé comme un être protégé par des circonstances favorables.

Cependant, si cette blessure avait été occasionnée par un hasard mauvais, au cours d'une simple promenade, elle aurait été considérée comme un accident regrettable.

Mais, en se plaçant au point de vue des relativités, l'enfant qui, précipité d'une pareille hauteur ne perd pas la vie et s'en tire avec une blessure sans conséquences graves, méritera l'épithète d'heureux.

Les exemples de même sorte abondent :

En temps ordinaire, la perte d'une main est regardée comme un malheur terrible.

Cependant, en temps de guerre, on entend couramment dire, au sujet d'un soldat amputé de ce membre :

« Il a eu beaucoup de bonheur, car il n'a perdu que la main droite dans une attaque où tous ses compagnons ont perdu la vie. »

Les relativités donnent-elles lieu à des appréciations d'autre genre ?

Elles portent sur toutes les circonstances qui subissent une comparaison ou l'idée d'un rapport.

Qu'appelez-vous l'idée d'un rapport ?

C'est le lien qui existe entre deux états différents et qui, eu égard aux circonstances particulières qui les accompagnent, permet d'établir une confrontation ou un raisonnement, basés sur la valeur des avantages ou des inconvénients inhérents à chacun de ces états.

Ces avantages ou ces inconvénients sont-ils immuables?

Non, car nous venons de voir qu'ils varient d'importance, suivant les incidents dont ils dépendent, et suivant la qualité, la situation, l'époque, la gravité, ou la puérilité des éléments qui les entourent.

Donnez encore quelques exemples.

Tel travail qui serait taxé de médiocre, s'il était accompli par un maître, sera admiré s'il vient d'un tout jeune élève.

Pour quelles raisons ?

En raison de la relativité existant entre le talent respectif du maître et de l'écolier et la grande durée de l'application du premier, par rapport au peu de temps d'étude du second.

Les relativités peuvent donc fausser les conclusions du raisonnement ?

Non. Elles les déplacent simplement en leur assignant le rang qu'elles doivent occuper, par rapport aux facteurs que nous venons d'énumérer.

Que concluez-vous ?

Les relativités, dans la phase du raisonnement, synthétisent les conditions des trois autres groupes.

Qu'entendez-vous par là ?

Elles côtoyent le raisonnement, depuis le point de départ jusqu'à l'aboutissement, en tenant compte du temps, du lieu, des éventualités et elles permettent de ne point pécher contre la logique, tout en appréciant diversement le même acte.

Il n'est point de raisonnement judicieux sans l'étude des relativités.

Quatorzième Leçon

LA DÉDUCTION

Quelle est la sixième phase principale de la délibération ?

La déduction.

Qu'est-ce que la déduction?

C'est une science qui apprend à grouper les éléments se rapportant à ceux qui doivent faire l'objet de la délibération, afin d'en tirer une déduction.

Par quel procédé?

En se remémorant les faits analogues à ceux qui font l'objet de la préoccupation présente, afin d'en tirer un enseignement.

Quelle est la base de cet enseignement?

Cet enseignement repose sur un principe immuable.

Enoncez-le.

Une chose égale à une première, doit, dans des circonstances identiques, amener des effets semblables.

Rencontre-t-on souvent des circonstances identiques?

Toutes les sciences ont débuté par des recherches, conçues en vue de contrôler la similitude des effets, amenés par des causes pareilles.

Il arrive cependant que ces causes soient provoquées artificiellement par des savants désireux d'obtenir la fidèle reproduction de celles dont les résultats les intéressent.

Dans quel but?

Afin de pouvoir mieux et plus sûrement apprécier l'identité des effets.

Comment nomme-t-on ce genre de recherches ?

Dos expériences.

Parlez-nous de la déduction en ce qui concerne la Volonté.

La déduction est un élément essentiel de la délibération, qui, ainsi que nous l'avons dit, au commencement de ce chapitre, est une des phases principales de la Volonté.

Comment l'entendez-vous ?

C'est la déduction qui permet de tirer des conclusions sensées, reposant sur l'étude des événements semblables à ceux qui font l'objet de la délibération.

N'avez-vous pas dit cela au sujet de la prévision ?

La différence existant entre la prévision et la déduction est celle que l'on pourrait constater entre une idée simple et une idée complexe.

Développez votre pensée.

La prévision concerne un seul objet. Elle peut cependant être répétée et un sujet unique peut devenir le prétexte de diverses prévisions, dont le faisceau viendra se joindre à celui des observations et du raisonnement, pour fournir les matériaux nécessaires à la déduction.

De quelle manière ?

En groupant les prévisions qui ont rapport à la même

idée ; en évaluant l'importance des causes dont l'apparition pourrait provoquer des effets analogues ; en discernant les dissemblances, qui seraient de nature à modifier le résultat ; enfin en appréciant, par comparaison, la disproportion des causes.

Qu'entendez-vous par la disproportion des causes ?

C'est la différence qui marque leur degré de valeur.

Que concluez-vous ?

La déduction comporte un sentiment très profond de l'analyse et une dose de sincérité suffisante, pour assigner à chaque événement la place qu'il doit occuper dans la hiérarchie des causes.

Dans quel but ?

Dans le but de déterminer avec quasi-certitude, le genre d'effets qui doit en découler.

Quinzième Leçon

LE JUGEMENT

Quelle est la septième phase de la délibération ?

Le jugement.

Qu'est-ce que le jugement ?

C'est une opération mentale, consistant à émettre une

appréciation décisive sur la question que l'on a mission d'examiner.

Le jugement est-il une conclusion?

On doit le regarder comme la synthèse des diverses conclusions, imposées par l'étude des phases de la délibération.

Le jugement adopte-t-il une seule forme ?

On compte deux formes de jugement.

Nommez-les.

Le jugement affirmatif.
Le jugement négatif.

Le jugement ne peut-il être neutre?

Non, car, dans ce cas, il cesserait d'être un jugement.

Ne se présente-t-il jamais sous une forme intermédiaire ?

Il y a plusieurs formes intermédiaires.

Nommez les principales.

Le jugement suspensif.
Le jugement conditionnel.
Le jugement personnel.

Qu'est-ce que le jugement suspensif?

C'est une appréciation ferme des événements qui semblent certains, mais qu'une confirmation officielle n'a pas encore consacrés.

Développez votre pensée.

On pourrait énoncer ainsi la formule de ce jugement :

« Si ce qu'on dit de cet homme est vrai, c'est un grand coupable. »

Les actes de l'homme se trouvent ainsi flétris par un jugement suspensif, puisque pour devenir affirmatif, il lui faudra enregistrer des preuves indéniables.

Qu'appelez-vous jugement conditionnel ?

C'est celui qui est prononcé sous condition.

Donnez un exemple.

Le jugement conditionnel permet d'absoudre ou de condamner sous condition. On dira :

« Cet homme sera méprisable s'il accepte les propositions de cet aventurier. »

Ou encore :

« Cet homme pourra être regardé comme un homme de bien, si malgré les suggestions de la misère, il repousse des propositions, tendant à lui apporter la fortune par des moyens douteux. »

Qu'appelez-vous jugement personnel ?

C'est un jugement dont le point de départ ou l'aboutissement (quelquefois ces deux motifs réunis), reposent sur des données personnelles.

Qu'entendez-vous par données personnelles?

Ce sont les considérations touchant la personnalité de celui qui doit porter un jugement.

Quel est le propre du jugement personnel?

C'est de sacrifier l'intérêt général à l'intérêt particulier.

N'est-ce point la méthode des forts?

Non, car la véritable force réside dans la connaissance de la vérité.

Or, ceux qui émettent des jugements entachés d'égoïsme, ne peuvent y apporter la sincérité nécessaire.

En quoi la sincérité est-elle nécessaire?

Elle est nécessaire, car elle est génératrice de clairvoyance, et ceux qui ne jugent les choses qu'au point de vue personnel ne seront jamais réellement clairvoyants.

Pour quelles raisons?

Parce qu'en s'attachant à suivre une idée unique, ils ne peuvent embrasser l'ensemble des raisons qui militent en faveur d'un jugement.

Qu'est-ce qu'un jugement sincère?

C'est un jugement dépourvu de toute autre préoccupation que celle de la marche vers la vérité et la justice, c'est-à-dire, vers le progrès, dont chaque être doit individuellement profiter.

Les jugements personnels peuvent-ils être divers ?

C'est là le grand écueil des jugements personnels. Ils ne peuvent aboutir à aucun progrès, car ils ne solutionnent jamais une question.

Comment l'entendez-vous ?

Je suppose que quatre personnes examinent l'horizon à travers un verre qui reproduira la couleur favorite de chacun.

Celui qui est porteur du verre bleu, s'écriera que le ciel est d'azur et il admirera le lac reflétant cette couleur.

Le second, à travers le verre jaune, verra la campagne noyée de soleil et dira que le lac semble rouler des flots d'or.

Cependant le troisième, qui regarde au travers d'un verre noir, pensera que la couleur des nuées fait craindre l'orage et il verra les eaux du lac troubles et sombres.

Pendant ce temps, le quatrième qui se sert d'un simple éclat de cristal transparent croira juger la vérité des choses, parce que le verre qu'il emploie n'en altère pas la couleur, mais il aura compté sans sa myopie, qui lui fait adopter des verres spéciaux. Et il jugera aussi faussement que les autres, puisque, si les premiers se sont abusés sur la couleur, lui se trompera sur la valeur des plans.

Quelle morale dégagez-vous de tout ceci ?

Celui-là seul peut juger véridiquement, qui sait faire abstraction de toute personnalité et mépriser le verre déformateur de l'égoïsme.

N'est-il pas des cas où le jugement n'est pas définitif ?

Il cesse alors de s'appeler jugement.

Comment le nomme-t-on ?

On le nomme opinion.

Qu'appelez-vous opinion ?

L'opinion est une manière de voir, basée presque toujours sur des raisons prenant leurs sources dans les conditions et les modes d'existence de celui qui la professe.

Développez votre pensée.

Il y a des opinions qui se rattachent aux principes de l'éducation.

D'autres se sont formées à la suite de calculs,(conscients ou non), intéressant l'avenir.

Il en est qui, nées dans une ambiance spéciale, bifurquent aussitôt que l'influence du milieu ne se fait plus sentir.

Résumez-vous.

L'opinion ne peut jamais être un jugement, car elle est sujette à des métamorphoses, tandis que le jugement est immuable.

Qu'en concluez-vous ?

Le jugement ne peut adopter que la forme affirmative ou négative, régissant elles-mêmes les formes intermédiaires.

S'il devenait dubitatif, il perdrait son nom, en même temps que sa qualité principale, qui est la fixité.

Seizième Leçon

LA DÉCISION

Quelle est la huitième phase de la délibération ?

La décision.

Qu'est-ce que la décision ?

C'est une préparation à la période d'activité.

Qu'appelez-vous la période d'activité ?

C'est celle où la réflexion cède le pas à l'action.

Chaque décision produit-elle une action ?

Chaque décision comporte une résolution d'activité physique ou mentale.

Qu'entendez-vous par activité mentale ?

L'activité mentale est le travail du cerveau, organisant la besogne qu'il deviendra nécessaire d'accomplir, pour parvenir à la réalisation projetée.

Peut-on intervertir l'ordre de la décision dans celui des phases de la Volonté ?

Non, car sa place est exclusivement marquée entre le jugement, déterminant l'opportunité, ainsi que la nature de la décision, et l'acte, physique ou mental, qui en sera la confirmation.

Qu'entendez-vous par ce mot : acte ?

C'est le mouvement, matériel ou moral dicté par la décision.

Qu'avez-vous à dire sur les actes ?

Il en sera parlé longuement au chapitre de la volonté active.

Parlez de l'acte en ce qui concerne la délibération.

C'est la dernière des phases de la délibération, celle qui synthétise toutes les autres, puisqu'elle en est le résultat.

Que concluez-vous ?

L'acte est le résumé de toutes les phases de la délibération, il est l'approbation du raisonnement et la consécration du jugement.

DEUXIÈME PARTIE

I. — LA VOLONTÉ SOUS TOUS SES ASPECTS

Première Leçon

LES DIFFÉRENTES FORMES DE LA VOLONTÉ

Combien y a-t-il de sortes de Volonté ?

Il n'y a qu'une Volonté, celle que l'on pourrait désigner sous le nom de *Volonté directrice*, mais elle adopte des formes multiples.

Développez votre pensée.

La Volonté directrice est celle qui permet de concevoir les résolutions et donne les moyens de les exécuter.

Pourquoi cette Volonté adopte-t-elle plusieurs formes ?

Parce que le propre de la Volonté est de se plier aux circonstances, afin de les dominer, ainsi qu'il a été dit au chapitre précédent.

La Volonté peut-elle donc changer ?

Non, la Volonté est immuable ; mais, suivant les cas,

elle se manifeste sous les formes qu'il lui semble le plus
propice de revêtir.

Dans quel but ?

Dans celui d'atteindre et de juguler le succès.

Quelles sont ces formes ?

On en compte quatre principales.

Pouvez-vous les nommer ?

1º La volonté d'action.
2º La volonté d'abstention.
3º La volonté d'expectative.
4º La volonté de continuité.

Quel est le propre de ces différentes forces ?

C'est d'assurer la réalisation dans ce qu'elle a le plus par-
fait.

De quelle manière ?

En fournissant les armes adéquates à chaque genre de
combat.

Qu'entendez-vous par là ?

La Volonté peut, suivant les cas, devenir un glaive ou
se transformer en bouclier.

Elle peut dicter la résignation ou l'attaque, l'inaction apparente ou l'activité intense.

Enfin, elle a le pouvoir de nous diriger, par les moyens qui lui semblent le plus réellement efficaces, vers les fins que nous convoitons, en nous permettant de vaincre les éléments défavorables ou de faire abstraction de ceux qui tendraient à éloigner le succès.

II. — LA VOLONTÉ D'ACTION

Deuxième Leçon

Qu'est-ce que la Volonté d'action ?

C'est celle qui permet de trouver en soi l'énergie nécessaire pour accomplir l'effort dicté par la décision.

Quel genre d'effort nécessite cette Volonté ?

L'effort proportionnel.

Qu'entendez-vous par ces mots ?

C'est l'effort qui s'ajuste à la dimension de l'acte que l'on veut effectuer.

Développez cette théorie.

L'élan ne doit jamais dépasser le but. Il ne doit pas manquer non plus d'ampleur, car dans le premier cas, aussi bien que dans le second, il serait complètement vain.

Pour quelle raison ?

Dans le premier cas, il irait au delà du but et le survolerait sans l'effleurer.

Dans le second, il ne parviendrait pas jusqu'à la limite assignée et mourrait inutile, avant d'avoir éveillé les possibilités de succès.

Mais ce n'est pas tout et d'autres raisons essentielles militent en faveur de l'effort proportionnel.

Enoncez-les.

En première ligne, on doit éviter la dépense inutile des forces.

Qu'entendez-vous par là ?

Cette dépense regrettable se présente sous deux aspects.

Lesquels ?

Le gaspillage.
La dispersion.

Parlez-nous du gaspillage.

Le gaspillage des forces consiste en un déploiement d'efforts, dont la multiplicité et la dimension sont d'une importance exagérée, par rapport à la puérilité du sujet.

Ne dit-on pas que celui qui peut le plus, peut le moins ?

C'est une erreur trop répandue, et, pour s'en convaincre, il suffirait de constater les déviations amenées par un effort physique, mal proportionné au but.

Donnez un exemple.

Je suppose qu'un homme doive soulever jusqu'à une hauteur exactement limitée, un poids qu'il estime très lourd, et qui, en réalité, l'est fort peu.

Il rassemblera ses forces, tendra ses muscles, et, dans un élan exagéré, portera le poids bien au delà de la limite indiquée.

Il aura donc produit une dépense inutile de vigueur, dont le résultat sera un insuccès, puisque le but proposé a été dépassé sans être atteint.

Cette dépense vaine de forces inutilisées est un gaspillage, préjudiciable au succès de l'acte qui doit être réalisé.

Qu'appelez-vous : dispersion des forces ?

C'est la série des efforts qui, mal disciplinés, s'adressent à des réalisations différentes (et parfois contradictoires) au lieu de se canaliser vers un but unique.

Faut-il donc s'interdire les élans ?

Non, mais il faut savoir les doser et les ajuster à la mesure exacte de l'acte qu'ils doivent produire.

Troisième Leçon

LES ACTES

Combien y a-t-il de sortes d'actes ?

On classe les actes en trois catégories.

Énumérez-les.

Les actes inconscients ou reflexes.
Les actes reflxes conscients.
Les actes volontaires.

Qu'est-ce que l'acte inconscient ou reflexe ?

C'est celui qui appartient au pur domaine organique.

Citez-en quelques-uns.

Respirer, palpiter, etc...
En un mot, tous les actes physiques, que nous effectuons
en dehors de notre volonté.

Qu'entendez-vous par acte physique ?

Celui qui ne nous est inspiré par aucune opération mentale.

Qu'est-ce que l'acte reflexe conscient ?

C'est un mouvement accompli sans la participation de la
volonté, mais non sans l'intervention d'un sentiment, qui
se précise seulement après la production de l'acte.

Pouvez-vous donner des exemples ?

Le retrait de la main frôlant un objet brûlant.
Le sursaut venant d'un effroi subit.
Les marques involontaires de dépit, de désappointement,
de chagrin, de colère, etc., etc...

Quelle est dans ces mouvements la part de la conscience ?

Ces mouvements appartiennent à la catégorie des actes reflexes, en ce sens qu'ils sont réalisés, avant que leur auteur ait eu le temps de les prévoir.

Cependant ils sont conscients, puisque leur manifestation est reliée à la perception d'un danger ou d'une possibilité de souffrance, physique ou morale.

Quelle est la conséquence de ces actes ?

Leur apparition dénote toujours une défaillance de volonté et leur fréquence confère une infériorité incontestable à celui qui les commet.

Dites-en la cause.

Ce manque de maîtrise de soi-même, en divulguant les mouvements de l'âme, livre aux étrangers les secrets du « Moi intime », secrets, dont, à l'occasion, ils peuvent abuser.

Quels sont les actes de la deuxième sorte ?

Les actes volontaires.

En quoi consistent ils ?

Ils consistent dans la possibilité de les choisir et de les exécuter en toute connaissance de cause.

Définissez l'acte volontaire.

L'acte volontaire est produit par une impression, née

dans un centre sensible, déposée dans le cerveau et mûri
par la pensée, avant de se propager dans les centres pro-
ducteurs d'action.

Cet acte ne comporte-t-il pas plusieurs phases?

Il en comporte quatre principales.

Enoncez-les.

Nous avons déjà pu les étudier dans les chapitres pré-
cédents. Ce sont :

La perception.
Le désir.
La délibération.
L'accomplissement.

Quel est le rôle de chacun de ces facteurs ?

La perception amène la sensation extérieure au cerveau.

Le désir fait souhaiter la prolongation, l'amplification,
ou la suppression de cette sensation.

La délibération permet de prendre une résolution.

L'accomplissement est l'exécution de l'acte, c'est-à-dire
le résultat de la perception, du désir et de la délibération,
guidés par la Volonté.

III. — LA VOLONTÉ D'ABSTENTION

Troisième Leçon

Qu'est-ce que la volonté d'abstention ?

C'est une force qui nous permet de résister aux impulsions premières, et nous porte à éviter de prendre une résolution ou à nous abstenir d'accomplir un acte que le raisonnement nous interdit de produire.

Qu'entendez-vous par le mot : impulsion ?

L'impulsion est une forme de l'activité cérébrale, qui nous pousse à réaliser un geste, avant que l'esprit y soit déterminé par une volonté réfléchie.

La Volonté d'abstention ne concerne-t-elle que les actes physiques ?

Elle s'étend aussi aux mouvements de l'âme.

Donnez des exemples de volonté d'abstention sous la forme physique.

S'abstenir de répondre par un mouvement violent, à une provocation quelconque.

S'abstenir de proférer une menace inutile.

Éviter les gestes dénonciateurs de l'état d'âme.

S'efforcer à l'immobilité, conseillée par le raisonnement, alors qu'un désarroi mental, causé par la peur, incite à une fuite inutile ou dangereuse, etc., etc.

Parlez de l'abstention sous la forme mentale.

L'abstention aide à réprimer les accès de colère, les mauvais désirs, et, en général tous les mouvements d'âme, prenant leur source dans les impulsions inférieures et irraisonnées.

Quel est l'effet de la Volonté d'abstention?

La Volonté d'abstention nous aide à discipliner, d'abord, à réprimer ensuite, enfin, à détruire complètement les impulsivités condamnables, préparant ainsi le terrain favorable à l'épanouissement de la Volonté directrice.

Quel est le point de départ des impulsivités?

L'instinct.

Quel est le correctif de l'instinct?

L'intelligence.

Quatrième Leçon

L'INTELLIGENCE ET L'INSTINCT

Qu'est-ce que l'instinct?

C'est une sorte de volonté obscure que nous portons en nous et qui nous pousse à agir, suivant les ordres d'un besoin physique, ou d'une perception, dans laquelle le physique joue le rôle principal.

Ce désir est-il toujours nettement formulé?

Non, car les résultats de l'acte échappent très souvent à l'appréciation de l'être qui le produit.

L'instinct est-il particulier à l'être humain?

L'instinct gît dans tous les êtres, à l'état de volonté informe, n'ayant qu'un but confus, dont le principe est la conservation de la vie de l'individu au profit de la race.

Comment l'entendez-vous?

L'instinct, d'où dérive le geste de la conservation, est regardé comme le désir inconscient, venant de la nécessité de prolongation des races.

Sur quoi basez-vous cette observation?

Sur la constatation que, partout où il y a vie, il y a

volonté confuse, mais certaine de conservation et d'augmentation.

Pouvez-vous donner des exemples ?

Les animalcules composant les masses des coraux font preuve d'une volonté qui les pousse à s'agglomérer, afin de s'élever en un bloc, dont l'extrémité supérieure reçoit l'alimentation apportée par le flux des vagues.

Les fleurs et les plus humbles végétaux, font preuve de cette volonté instinctive en se tournant, suivant les besoins de leur nature, vers la lumière ou l'ombre.

Y a-t-il plusieurs sortes d'instinct ?

On divise l'instinct en deux catégories, dont la seconde est toujours dépendante de la première.

Nommez-les.

1° L'instinct, dont nous venons de parler, qui tend à la conservation de l'individu par rapport à la vie de la race ;

2° L'instinct, dictant le mouvement inconscient, dont le but est la satisfaction d'un besoin matériel.

En quoi cette deuxième catégorie de l'instinct est-elle dépendante de la première ?

En ce que la satisfaction du besoin matériel se rattache au désir de conservation, d'augmentation, d'amélioration que l'on rencontre, ainsi qu'il est dit plus haut, partout où il y a vie.

L'instinct peut-il être modifié ?

Il existe plusieurs façons de modifier l'instinct.

Parlez-nous en.

Chez les humains, l'instinct est modifié par l'éducation.

Chez les animaux et chez les êtres dénués de raison, par le souvenir.

Qu'entendez-vous par là ?

Chez les humains, le désir du perfectionnement, aidé par la volonté, jugule l'instinct primitif.

Chez les animaux ou chez les êtres dénués de raison, le souvenir d'un châtiment, lié à la satisfaction d'un instinct, affaiblit la manifestation de cet instinct, tout au moins en ce qui concerne la répétition de l'acte, cause de la punition.

Ce cas, dites-vous, n'est pas spécial aux animaux ?

Non, on le constate aussi chez les tout jeunes enfants et chez tous les êtres primitifs.

Pour quelles raisons ?

Parce que ceux-là ignorent les principes de la Volonté.

Quelle faculté peut-on opposer à l'instinct ?

L'intelligence.

Qu'est-ce que l'intelligence?

C'est la faculté de comprendre.

Par quel moyen?

Par le moyen de la connaissance.

Qu'appelez-vous la connaissance ?

C'est une science qui permet de tirer des déductions.

Par quel procédé ?

En se remémorant les faits passés et en les commentant, de façon à en composer les matériaux, qui serviront à l'édification du raisonnement.

Quel est le rôle de l'intelligence ?

L'intelligence synthétise les faits particuliers, de façon à en former des lois générales, permettant de discerner la vérité et d'agir suivant les règles imposées par l'application de cette connaissance.

Quelle est l'influence de l'intelligence sur l'instinct ?

L'intelligence discipline l'instinct.

De quelle façon ?

En lui démontrant la sanction des actes.

Qu'entendez-vous par là?

La sanction se présente sous deux formes :

1º La punition.

2º La récompense.

Or, chez les instinctifs, la crainte de la punition, aussi bien que le désir de la récompense, incitent à l'abstention d'un acte répréhensible, ou à la production d'une action louable.

Qu'en concluez-vous?

La volonté d'abstention ne peut s'exercer que lorsque l'instinct, vaincu par l'intelligence, cesse de conseiller les mouvements inconscients, si fréquents chez tous les êtres primitifs.

Cet instinct, qui ravale l'homme au rang de l'animal, s'atténue par l'étude de la Volonté et s'abolit jusqu'à la disparition presque complète, chez ceux qui ont su mettre en pratique les principes de la volonté d'abstention, premier degré de la maîtrise de soi.

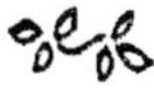

IV. — LA VOLONTÉ D'EXPECTATIVE

Cinquième Leçon

En quoi consiste la volonté d'expectative?

C'est une faculté qui nous donne la force d'attendre, sans faire preuve d'activité nuisible l'heure' qui semble propice à l'action définitive.

Quelle différence y a-t-il entre la volonté d'abstention et la volonté d'expectative?

La volonté d'abstention commande la suppression de l'acte que l'on juge inopportun.

La volonté d'expectative se borne à l'ajournement d'une résolution, regardée comme intempestive.

Développez cette définition.

La volonté d'expectative, nous enseigne qu'il est utile d'attendre, sans impatience, la venue des événements, dont une Volonté directrice bien disciplinée ne manquera pas de provoquer l'apparition, au moment où elle deviendra souhaitable.

Pourquoi cette apparition se produira-t-elle certainement ?

Parce que la volonté d'expectative, conseillée par la Volonté directrice, aura laissé aux événements favorables le temps nécessaire pour se former.

Cette volonté réside-t-elle donc dans l'indifférence ?

Non. Elle réside au contraire dans une application soutenue, concernant la marche des choses.

Dans quel but ?

Dans celui de choisir le moment de l'intervention.

Quels sont les éléments composant la Volonté d'expectative ?

Elle se compose de trois éléments principaux :
1º Le calme,
2º La patience,
3º La force de caractère.

Septième Leçon

LE CALME

Comment définissez-vous le calme ?

C'est un apaisement qui permet de rassembler les pensées et de méditer avec fruit.

Ceux-là seuls qui sont entrés dans le calme, peuvent écouter et suivre les conseils de la Volonté directrice.

A quelle catégorie appartiennent les gens calmes ?

A la catégorie des forts.

Donnez-en les raisons.

C'est le calme qui préside aux résolutions puissantes, lesquelles, sans lui, n'auraient pu être entourées de toutes les garanties de succès.

N'y a-t-il qu'une sorte de calme ?

On comprend le calme de deux façons.

Lesquelles ?

Le calme physique.
Le calme psychique.

Qu'est-ce que le calme physique ?

C'est le résultat d'un application, dont l'effet est de discipliner et de raréfier les marques extérieures des sentiments.

Qu'est-ce que le calme psychique ?

C'est la sérénité d'âme qui bannit les agitations inutiles.

Le calme exclut-il l'activité ?

Il en est, au contraire, le bienfaisant auxiliaire.

Dites-nous pourquoi.

Parce que l'activité, matérielle ou morale, dérive toujours des résolutions suggérées par un raisonnement judicieux, auquel le calme seul peut donner naissance.

Le calme est-il un état naturel ?

Non, c'est un état voulu et choisi : c'est pourquoi il relève de la Volonté.

Qu'en concluez-vous ?

Les résolutions concernant la volonté d'expectative ne peuvent se déterminer que dans l'état de calme physique, dont le maintien concourt à la création du calme psychique, qui les fixe et les fortifie.

Huitième Leçon

LA PATIENCE

Quel est le deuxième élément composant la Volonté d'expectative ?

La patience.

Pourriez-vous la définir ?

On pourrait dire de la patience qu'elle est une impassibilité apparente, une placidité méthodique de l'âme, qui, dans cet état voulu, demeure confiante dans l'attente d'un événement heureux, préparé par la Volonté.

Pourquoi les gens patients sont-ils des adeptes de la Volonté ?

Parce que les énergiques seulement, portent en eux la Volonté qui les fait attendre, sans faiblir, le moment marqué pour l'action.

Quels sont les effets de la patience ?

La patience a pour effet d'interdire les exagérations de l'enthousiasme, en laissant le loisir de discerner le moment où les incidents réclameront une manifestation d'activité.

Les gens patients sont-ils des indolents ?

Non, car leur défaut apparent d'action recouvre toujours une volonté directrice, qui, même dans la période d'expectative, agit dans le sens du succès.

Neuvième Leçon

LA FORCE DE CARACTÈRE

Quel est le troisième élément composant la Volonté d'expectative ?

La force de caractère.

Qu'appelez-vous force de caractère?

C'est la volonté de se maîtriser.

Qu'entendez-vous par là?

La maîtrise de soi est une domination exercée sur soi-même.

Quel en est l'effet?

Elle aide à contenir les passions et oppose une digue à l'anarchie des impulsions.

Qu'appelez-vous l'anarchie des impulsions?

C'est la poussée irraisonnée et contraire des pensées qui nous assaillent et menacent de nous entraîner vers des fins sans issue, puisqu'elles sont contradictoires.

Quel est l'état de ceux qui manquent de force de caractère?

L'asservissement.

Que voulez-vous dire par là?

L'asservissement est l'état de ceux qui sont les esclaves de leur premier mouvement.

D'où vient cette tendance?

De la haine de l'effort.

Quelle est la cause de cette haine?

La défaillance de la Volonté.

La force de caractère est donc le résultat d'un effort de Volonté?

C'est dans la Volonté seule, qu'elle puise son origine et ses résultats.

Qu'appelez-vous son origine?

L'énergie de canaliser cette Volonté vers les résolutions louables.

Qu'appelez-vous ses résultats?

Le pouvoir de libérer ses pensées ou ses actes de tout ce qui n'est pas le but choisi.

La force de caractère peut-elle modifier les instincts naturels ?

Oui, car elle permet d'en atténuer les manifestations.

Son rôle se borne-t-il là?

La force de caractère donne encore l'énergie de maintenir les motifs qui ont déterminé la décision, en écartant les suggestions étrangères, tendant à en détourner.

Ne confond-on pas quelquefois la volonté d'expectative avec l'apathie?

Les gens mal avertis, seulement, peuvent confondre deux sentiments aussi opposés.

En quoi sont-ils opposés?

La volonté d'expectative est une négligence artificielle et volontaire.

L'apathie est une négligence involontaire et réelle.

Que concluez-vous ?

La volonté d'expectative réconforte.
L'apathie déprime.

V. - LA VOLONTÉ DE CONTINUITÉ

Dixième Leçon

Qu'est-ce que la Volonté de continuité ?

C'est une volonté qui confère la faculté d'accomplir une œuvre, sans se laisser arrêter par les difficultés du début, ni par les obstacles qui se multiplient au cours de l'achèvement.

Quels sont ceux qui la mettent en pratique ?

Ce sont les adeptes de la Volonté qui, après avoir discerné les possibilités favorables d'une résolution et s'y être déterminés, en suivant les phases de la délibération, y persévèrent, sans se laisser décourager par les incidents qui viennent en retarder l'exécution.

Cette Volonté ne porte-t-elle pas un autre nom ?

On l'appelle parfois : la persévérance.

Onzième Leçon

LA PERSÉVÉRANCE ET L'ENTÊTEMENT

Ne confond-on jamais la persévérance avec un défaut qui paraît lui ressembler?

C'est à grand tort que l'on décore l'entêtement du nom de persévérance.

Comment peut-on les distinguer?

La persévérance ou volonté de continuité, est basée sur une volonté constante, dirigeant les efforts vers une réalisation promise par la Volonté directrice.

L'entêtement est une obstination, consistant à poursuivre un projet démontré irréalisable par le raisonnement.

A quoi faut-il attribuer cette obstination?

A trois motifs principaux.

Quels sont-ils?

1º La légèreté.
2º La vanité.
3º La paresse.

Quel est le rôle de la légèreté dans l'entêtement?

La légèreté, en excluant un examen approfondi de l'entreprise, engendre le faux raisonnement et laisse la porte ouverte à tous les incidents défavorables.

N'est-il pas facile de s'en apercevoir ?

Les gens légers professent, en général, un optimisme voulu,
qu'ils cultivent comme une excuse vis-à-vis d'eux-mêmes.

Quel est le résultat de cet optimisme ?

C'est de renforcer leur entêtement.

Pour quelles raisons ?

Leur légèreté ne leur permettant pas d'apprécier la gravité
des choses, il leur semble préférable de penser que « tout s'ar-
rangera » et d'esquiver ainsi l'ennui d'une étude nouvelle et
plus sérieuse que la première.

Parlez-nous de la vanité.

La vanité interdit la constatation de l'erreur et incite
à y persévérer, plutôt que de la reconnaître.

N'arrive-t-il pas à ces vaniteux d'être confondus par les faits ?

L'entêté se laisse rarement convaincre, et, dans le cas
où les faits viennent brutalement lui démontrer ses torts,
sa vanité lui dicte de mauvaises raisons, qui tendraient
plutôt à les aggraver qu'à les atténuer.

Les entêtés vaniteux ne sont-ils jamais de bonne foi ?

En apparence, seulement. Mais si les faits leur prouvent
leur erreur, ils se plaisent à farder la vérité, dont l'aspect
réel choquerait leur vanité.

Ils préfèrent presque toujours mentir, plutôt qu'avouer leur insuccès.

Cependant cet insuccès peut ne pas être niable ?

Dans ce cas, ils accusent les hasards malheureux, se donnent comme des victimes de la malice des choses, mais se gardent bien de convenir de leur maladresse.

Parlez maintenant de la paresse.

La paresse, plus encore que la légèreté et la vanité, prolonge l'entêtement et le rend définitif.

De quelle façon ?

En refusant de produire l'effort que nécessiterait un recommencement.

Quel est le résultat de l'entêtement ?

C'est de faire mépriser les arguments ou les faits, prouvant la mauvaise qualité de la tentative et d'engager à y insister, sans tenir compte de l'inutilité, voire même du danger des efforts.

N'arrive-t-il pas que le but de l'entêtement soit louable ?

Quoiqu'il en soit, l'entêtement est toujours néfaste, car jamais un faux raisonnement ne peut apporter de développements heureux.

VI. — LES QUALITÉS COMMUNES
AUX DIFFÉRENTES FORMES DE VOLONTE

Douzième Leçon

N'y a-t-il pas des qualités communes aux différentes formes de la Volonté ?

Il est certaines qualités qui sont, en effet, l'apanage des différentes formes de volonté que nous venons d'étudier.

De quel genre sont ces qualités ?

On pourrait les diviser en trois catégories :
Les qualités purement physiques.
Les qualités purement mentales.
Les qualités à la fois physiques et mentales.

Qu'entendez-vous par les qualités purement physiques ?

Ce sont celles qui appartiennent exclusivement à l'action.

Qu'appelez-vous qualités purement mentales ?

Ce sont les qualités qui relèvent uniquement de la pensée, de la réflexion ou du raisonnement.

Qu'entendez-vous par ces mots : qualités physiques et mentales?

Ce sont celles qui participent des deux principes.

Développez cette théorie.

Les qualités, à la fois physiques et mentales, sont celles qui, prenant leur source dans le raisonnement, se développent ensuite en manifestations d'activité matérielle, propres à parachever la réalisation.

Quelle est la principale de ces qualités?

Le sang-froid.

Treizième Leçon

LE SANG-FROID

Qu'est-ce que le sang-froid?

Le sang-froid est un don de la Volonté, concédant à celui qui l'exerce, la force de supprimer les marques extérieures des émotions et celle de réprimer les mouvements de l'âme.

Par quels moyens?

Par l'acquisition volontaire d'une sorte de tranquillité d'esprit, attribuant à celui qui sait l'entretenir en lui, toute la lucidité voulue pour la réflexion.

Qu'entendez-vous par ces mots : tranquillité d'esprit ?

La tranquillité d'esprit est l'état d'apaisement moral, qui, au milieu des incidents les plus troublants, confère la force de pacifier les impulsions et de discipliner les résolutions.

N'a-t-on pas comparé le sang-froid à une arme ?

Le sang-froid a été, tour à tour, comparé à un glaive et à un bouclier.

Pourquoi ces comparaisons ?

Parce qu'il est, en même temps, une arme offensive et défensive.

Il est une arme défensive, lorsqu'il maintient l'expectative, ou qu'il impose l'abstention.

Il devient une arme offensive, quand il dirige les actes, soit dans la volonté d'action, soit dans la volonté de continuité.

Pour pratiquer le sang-froid doit-on être insensible ?

Non, la faculté de ressentir n'est pas moindre chez les adeptes du sang-froid que chez les impulsifs, mais la Volonté développe en eux la force d'atténuer ou de supprimer complètement les témoignages apparents des impressions subies.

Le sang-froid se manifeste-t-il seulement par l'impassibilité ?

En cas de danger, il se manifeste encore sous forme de décision rapide, suivie immédiatement de l'acte destiné à conjurer le péril ou à détourner le malheur menaçant.

Le sang-froid est-il seulement un palliatif ?

Le sang-froid est souvent préventif, car, en endiguant le flot des impulsivités, il laisse à la réflexion le temps d'intervenir.

Qu'arrive-t-il alors ?

Le sang-froid laisse aux phases de la délibération, la latitude de se dérouler, et la prévision ayant signalé les légitimes sujets de crainte, le sang-froid facilite l'étude des moyens, propres à détourner les effets du malheur redouté.

Cependant ce malheur se produit quelquefois ?

Rarement dans toute son intensité, si le sang-froid l'ayant prévu, a mis tout en œuvre pour l'atténuer.

Quatorzième Leçon

LE ROLE DU SANG-FROID

Le sang-froid n'est-il utile qu'en cas de danger ?

Il est surtout utile dans les circonstances ordinaires de la vie.

Comment l'entendez-vous?

Il modère les impatiences, interdit la colère, impose la maîtrise de soi dans les discussions, conseille l'urbanité et développe la patience.

Quel est le rôle du sang-froid dans les discussions?

Il donne à celui qui le possède une supériorité évidente.

Pour quelles raisons?

Il établit, dans son âme, une sérénité si profonde, qu'elle le rend maître de lui, au point de ne rien laisser voir de ses impressions.

Quel est le bénéfice de cette dissimulation?

L'avantage de laisser l'adversaire se découvrir, sans lui permettre de juger, d'après la physionomie de son interlocuteur, de la valeur exacte de son argumentation.

Le sang-froid a-t il encore d'autres avantages?

Celui d'éviter les intempérances de langage.

Il a aussi le pouvoir d'arrêter le flot des confidences, si nuisibles souvent au succès des impulsifs.

Il donne encore la force de taire une opinion qu'il serait dangereux ou inopportun d'exprimer.

Enfin, il confère à ceux qui le cultivent la force d'échapper à la contagion de la pensée de l'adversaire.

En quoi cette force est-elle appréciable ?

En ce que cette éviction d'une emprise mentale étrangère annihile les efforts de la persuasion.

De quelle façon ?

La faculté de se soustraire à la contagion de la pensée, laisse à l'adepte du sang-froid, la possibilité de se réfugier dans une sorte de défense intérieure, qui, tout en lui laissant le loisir d'apprécier les arguments que son interlocuteur développe, a pour effet de le dérober à l'ambiance que ce dernier voudrait créer autour de lui.

Quinzième Leçon

LE SANG-FROID ET LE GESTE

Quelle doit être la marque principale du sang-froid ?

La suppression de tout geste de nature à traduire les émotions ressenties.

Cette abstention porte-t-elle uniquement sur le désir de dissimuler les impressions ?

Oui, en premier lieu, mais la sobriété du geste est dictée également par d'autres motifs.

Lesquels?

On a remarqué souvent que la seule production des gestes traduisant un sentiment, suffisait à le déclencher.

Développez cette théorie.

Des expériences ont prouvé que des gens parfaitement calmes, s'étant appliqués à reproduire les gestes de la colère, ont, dans un laps de temps plus ou moins restreint, senti une irritation certaine bouillonner en eux.

Ceci ne s'applique-t-il qu'à la colère?

Il en est de même pour tous les autres sentiments :

Des gens, cherchant à représenter les marques de la gaîté excessive, se sont trouvés en proie à un rire inextinguible, résistant à tous les efforts qu'ils faisaient pour l'arrêter.

N'a-t-on pas fait d'autre remarque sur le geste, par rapport au sang-froid ?

Il a été prouvé que, dans la solitude, le geste est rare, sinon nul.

Que faut-il en déduire?

La déduction est facile : Il n'est pas indispensable de ponctuer ses pensées par des gestes.

Mais s'il s'agit de paroles ?

Même chez les personnes, (normales, bien entendu), qui ont l'habitude de monologuer dans la solitude, le geste vient rarement commenter la phrase.

Cependant, on a observé que ces mêmes personnes, dès qu'elles sont en face d'un interlocuteur, sont prodigues de mouvements, de jeux de physionomie, de clignements d'yeux, en un mot d'une foule de gestes, accentuant et soulignant leurs discours.

Qu'en doit-on penser ?

Les adeptes de la Volonté regardent la multiplicité des gestes comme une faiblesse.

Pour quelle raison ?

Parce que ces nombreux mouvements ne sont pas accomplis par ceux qui les produisent, dans l'intention de renforcer l'idée, mais dans une recherche obscure de sollicitation envers l'adversaire, sollicitation révélant l'aspect d'une invocation tacite, vers le secours que l'on attend de lui.

Que concluez-vous ?

Il est indispensable d'employer sa Volonté à réprimer toute trace évidente d'émotion.

Dans quel but ?

Dans le but de créer en soi l'atmosphère apaisée, propice au maintien du sang-froid.

Ce calme cesse-t-il en même temps que la Volonté de le produire ?

Non, car après avoir été un état passager et voulu, il devient un état habituel.

Quelle est la sorte de Volonté qui participe à l'étude du sang-froid ?

Elles y participent toutes.

Dites-nous comment ?

La Volonté directrice organise la défense ou l'action.

La Volonté d'action fait accomplir les actes.

La Volonté d'abstention prévient les interventions inopportunes.

La Volonté d'expectative impose la force dans l'attente, et la sérénité dans l'inaction apparente.

La Volonté de continuité, en bannissant les découragements inutiles, laisse au raisonnement la prépondérance qui lui est nécessaire pour établir la qualité et le degré d'intensité de l'action.

Sous l'inspiration de la Volonté directrice, ces volontés dépendantes, en se manifestant tour à tour en temps opportun, sont les facteurs certains du succès auquel chacun aspire et que les fervents de la Volonté seuls rencontrent.

TROISIÈME PARTIE

I. — LA VOLONTÉ ET LE BUT

ø ø ø

Première Leçon

LE BUT ET LE MOTIF VALABLE

Qu'appelez-vous le but ?

C'est le motif valable d'exercer la Volonté.

La Volonté ne peut-elle s'exercer sans ce motif ?

Non, car elle changerait de nom et s'appellerait caprice.

Qu'entendez-vous par ce mot : motif valable ?

Le motif valable est la recherche d'une réalisation.

Le caprice n'est-il pas aussi la recherche d'une réalisation ?

Oui, mais cette réalisation ne peut être qu'éphémère et fragile.

Pour quelles raisons ?

Parce qu'elle n'a pas été préparée.

Qu'est-ce que la préparation ?

C'est le déroulement de toutes les phases qui doivent précéder les décisions dictant les actes.

Quels sont les motifs qui régissent l'emploi de la Volonté ?

Il n'en est qu'un : La poursuite du but.

Deuxième Leçon

LES BUTS

Le but général.

Qu'est-ce que le but ?

C'est le terme vers lequel tendent tous les actes.

Sous quelle influence ?

Sous l'influence d'une volonté déterminée par la force motrice du désir.

N'y a-t-il qu'une sorte de but ?

On en compte quatre sortes.

Nommez-les.

Le but général ou but final.
Les buts principaux.
Les buts convergents.
Les buts partiels.

Qu'est-ce que le but général ?

C'est l'aspiration vers ce qui, sous des noms différents, représente le bonheur.

Pourquoi ces noms différents ?

Parce que le bonheur n'est pas évoqué par chacun sous la même forme.

Qu'entendez-vous par là ?

Il en est qui placent le bonheur dans la conquête de la fortune.

D'autres le voient dans la science.

Certaines gens recherchent la gloire.

Ceux-là prisent les aventures.

Enfin, bon nombre de gens n'aspirent qu'au repos.

N'existe-t-il pas des gens qui appellent le bonheur sans le préciser ?

Certains d'entre eux n'aperçoivent de possibilité de bonheur que dans une béatitude négative, composée surtout d'absence de souffrance.

Nombreux encore, sont ceux qui souhaitent l'apparition du bonheur, sans concevoir sous quel aspect il leur sera donné de le rencontrer.

Qu'advient-il de ces derniers ?

Ils laissent, le plus souvent, échapper le bonheur tant souhaité.

Pour quelles raisons ?

Parce que, faute d'en avoir déterminé la nature, ils ne le reconnaissent pas s'il vient à se présenter devant eux.

Quel est le propre du but général ?

C'est d'être unique.

Peut-on borner son désir à la recherche du but général ?

Non, car la poursuite de ce but impose toujours la recherche de buts dépendants.

Qu'appelez-vous buts dépendants ?

Les buts généraux, les buts partiels et les buts convergents.

Troisième Leçon

LES BUTS PRINCIPAUX

Qu'appelez-vous but principal ?

C'est la poursuite d'une réalisation importante, qui doit contribuer à l'accomplissement du but général.

Le but principal est-il unique ?

Non, car il se renouvelle à mesure qu'il s'accomplit.

Expliquez-vous.

Pour celui dont le but général est la richesse, la conclusion d'une affaire rémunératrice sera un but principal, qui, une fois atteint, sera suivi d'une préoccupation semblable, concernant une affaire nouvelle, laquelle, à son tour, deviendra un but principal.

Pour celui dont le but général est la science, toute acquisition intellectuelle sera un but principal, dont le terme ne sera pas une conclusion, mais le prélude d'une autre acquisition de même nature.

Les buts généraux sont-ils toujours de même nature ?

Les buts généraux doivent toujours appartenir au même ordre d'activité.

N'adoptent-ils jamais d'autre forme ?

Ils adoptent parfois une forme dépendante, qui, bien que différente d'aspect, se rattache étroitement à la préoccupation principale.

Quelle est cette forme !

Celle des buts convergents.

Quatrième Leçon

LES BUTS CONVERGENTS

Qu'appelez-vous les buts convergents ?

Ce sont les efforts, qui, tout en paraissant s'écarter du but principal, s'y rattachent étroitement et font partie intégrante de la réussite.

Développez votre pensée.

Le but convergent consiste dans la recherche d'un apport, qui, bien qu'il semble étranger au but principal, vient concourir à son heureux accomplissement, apportant ainsi des matériaux qui serviront à édifier le but final.

Quel est l'opposé du but convergent ?

Le but divergent.

En quoi consiste-t-il ?

Il consiste en une défaillance de la volonté, qui, au lieu de s'appliquer à parfaire le but principal, bifurque vers des buts divers.

Pourriez-vous donner des exemples !

Celui dont le but principal serait une recherche scientifique, poursuivrait un but divergent, c'est-à-dire, éparpillerait ses efforts, sans profit pour le but principal, s'il se livrait, en même temps à l'étude de la parole, dans l'unique désir d'acquérir l'éloquence.

Mais s'il désire posséder cette éloquence, pour faire participer ses contemporains au bénéfice de ses conquêtes scientifiques, en leur en dévoilant les bienfaits, il aura atteint un but convergent, qui viendra concourir à l'amélioration du but principal.

De quelle façon ?

En amplifiant la réalisation.

Dites-nous quel est l'effet du but divergent ?

C'est de provoquer l'éparpillement des forces, en empêchant la concentration.

Cinquième Leçon

LE BUT PARTIEL

Quelle la quatrième forme du but ?

Le but partiel.

Qu'est-ce que le but partiel ?

C'est une réalisation fragmentaire, dont la multiplicité forme l'agrégat qui prendra le nom de but principal.

La recherche du but partiel est-elle indispensable ?

Oui, car le but partiel est le début obligé de toute réalisation.

Comment l'entendez-vous ?

Pour parvenir à un achèvement, important ou non, il est nécessaire d'avoir épuisé la série des buts partiels qui y conduisent.

On pourrait dire de chacun de ces buts, qu'il est la maille d'une chaîne, partant du premier effort, pour aboutir au couronnement de l'effort suprême.

Développez cette théorie.

Celui qui a pour but final le bonheur par l'acquisition

de la science, doit d'abord réaliser une série de buts principaux dont le premier en date aura été l'étude de la lecture.

Cette étude elle-même se décompose en une série de buts partiels, dont le premier est la connaissance de l'alphabet, le deuxième, l'art d'assembler les caractères, le troisième celui d'en former des mots, puis des phrases.

Il en sera de même pour l'étude de l'écriture, qui, au moment où elle est entreprise, est un but général, composé d'une série de menues réalisations, termes d'autant de buts partiels.

Et ceci se répétera pour chacue des études, dont la hiérarchie atteint le sommet du savoir humain.

Ceci ne peut-il pas s'appliquer à tous les actes ?

A tous les actes raisonnés, certainement, car chacun d'eux se propose l'achèvement d'autant de buts partiels, dont la réunion forme la masse des buts principaux qui, eux-mêmes, se groupent pour concourir à la glorification du but final.

II. — LA CONQUÉTE DU BUT

ø ø ø

Sixième Leçon

LES PROBABILITÉS

La conquête du but n'éxige-t-elle pas certaines conditions ?

Cette conquête exige, en effet, des conditions multiples, mais il en est quelques-unes d'essentielles.

Qu'appelez-vous essentielles?

Ce sont les conditions représentant des nécessités communes à l'accomplissement du but, de quelque nature qu'il soit.

Pourriez-vous les nommer ?

1º Les probabilités.
2º L'opportunité.
3º L'utilité.

Parlez-nous des probabilités.

C'est la qualité de ce qui peut être accompli, sans contrevenir à l'ordre naturel des choses, en se basant sur des présomptions, préalablement discutées.

Développez votre pensée.

Il est des buts que des impossibilités rendent inaccessibles

Citez des exemples.

L'art de la peinture sera interdit à un aveugle.

Un boiteux ne pourra songer à disputer le prix de la course.

Il sera impossible à un sourd de naissance de faire une carrière musicale.

Où trouve-t-on la probabilité ?

La probabilité se trouve, là où l'impossibilité ne se rencontre pas.

Le champ des probalités est-il étendu ?

Il est immense, car il commence au désir plausible et s'étend à tous les efforts volontaires.

Mais il peut être amplifié ou restreint par l'apparition ou l'absence des aptitudes.

Qu'appelez-vous aptitudes ?

Les aptitudes sont des penchants naturels, dont la prépondérance permet d'accomplir plus aisément la tâche qui s'y rapporte.

Donnez un exemple.

À moins d'être infirme, chacun a la possibilité de jouer des instruments de musique.

Cependant, ceux que leurs aptitudes entraînent vers tel ou tel de ces instruments, s'y perfectionnent beaucoup plus rapidement que les autres, qui ne verront dans cet art qu'une besogne, imposée par les nécessités de l'existence, ou les exigences de leur situation sociale.

Les aptitudes concernent-elles seulement le penchant ?

Elles découlent souvent d'une facilité naturelle, due aux conditions physiques.

Expliquez mieux votre pensée.

Il est des êtres doués de force et privés de souplesse. D'autres, rachètent leur débilité physique par une grande dextérité naturelle

Quelques-uns, de par leur complexion même, se sentent attirés vers les travaux qui s'exécutent au grand air.

Ceux-ci recherchent les études sédentaires, par haine du mouvement et de la fatigue.

Ceux-là auront une prédilection pour les exercices corporels, les sports, les voyages, en un mot, tout ce qui peut satisfaire l'exubérance de leurs forces.

Qu'en concluez-vous ?

Le but, dont le choix est dicté par l'obéissance aux lois des aptitudes, sera toujours atteint plus aisément et d'une façon plus parfaite.

Septième Leçon

L'OPPORTUNITÉ

Qu'est-ce que l'opportunité ?

C'est la faculté de produire en temps voulu, une action, qui diminuerait de valeur, si on l'accomplissait prématurément ou trop tardivement.

L'opportunité obéit-elle à une règle ?

Assurément, mais cette règle ne peut être immuable, car elle doit se modifier suivant les exigences du moment.

Qu'entendez-vous par là ?

L'opportunité est un courant qu'il faut suivre, et non chercher à remonter.

Est-elle toujours active ?

Non, car l'opportunité consiste aussi bien dans l'action intense, que dans l'expectative et l'abstention.

L'opportunité est-elle donc une condition dépendante ?

Oui; l'opportunité dépend du temps, du milieu et des circonstances.

Que voulez-vous dire par ces mots : les circonstances ?

Les circonstances, en ce qui concerne l'opportunité, sont les faits dictant les actes contemporains de ces faits.

Qu'appelez-vous actes contemporains ?

Ce sont les actes, effectués dans le but d'une réussite, qui n'aurait pas pu se produire précédemment, et qui, dans l'avenir, ne serait plus désirable.

Pour quelles raisons ?

Parce que le progrès déplace les nécessités, et, partant de là, la raison d'être des buts.

Qu'est-ce que la raison d'être ?

C'est le motif déterminant l'obligation d'exister.

Quel principe l'opportunité doit-elle invoquer ?

Celui du génie de l'époque.

Donnez-en les raisons.

Parce que la pensée générale, en se renouvelant constamment, impose à ceux qui veulent progresser le devoir de la traduire et de la personnifier sous sa forme actuelle.

Qu'en concluez-vous ?

La recherche de l'opportunité est indispensable à la réalisation du but, car il est impossible de préparer l'avenir sans s'inspirer des tendances de l'époque contemporaine.

Huitième Leçon

L'UTILITÉ

Quel sens donnez-vous aux mots : utilité du but ?

Le mot « utilité » doit être, en ce qui concerne le but, considéré sous deux aspects :

L'utilité matérielle.

L'utilité morale.

Qu'est-ce que l'utilité matérielle ?

C'est la substance du but, elle-même, c'est-à-dire, la réalisation tangible qu'il comporte.

Parlez de l'utilité morale.

On considère l'utilité morale du but, au point de vue du bien, ou du mieux qu'il peut engendrer.

Cette recherche puise sa source dans une ambition plus haute, plus parfaite que celle dont s'inspirent ceux qui pensent surtout à l'utilité matérielle. Cependant, pour obéir aux lois de la Volonté, elle ne doit présenter aucun caractère d'improbabilité.

Quel est le propre de l'utilité morale ?

C'est de se rattacher étroitement au but convoité et d'aider à matérialiser une réalisation, que ses conséquences morales amplifieront et ennobliront.

Pourriez-vous donner un exemple ?

On pourrait dire que, par la vertu des sentiments qu'il

exalte, l'auteur du chant de la *Marseillaise* a fait gagner autant de batailles que bien des généraux célèbres, qui ne se sont occupés que de l'utilité matérielle des plans stratégiques.

Qu'en peut-on déduire ?

On doit penser que l'alliage de ces deux genres d'utilité est l'appoint essentiel, dont l'emploi fait pencher la balance de la réussite vers les heureux dénouements.

Ne peut-on exclure l'un de ces éléments ?

Non ; car le but, considéré dans son utilité purement matérielle manquerait de noblesse.

D'autre part, en ne considérant que l'utilité morale, on se trouverait presque toujours arrêté par des difficultés matérielles, dont la solution retarderait ou entraverait la marche vers le but.

Le but, pour être utile doit-il être tangible ?

Le but, sans être tangible, peut toujours se revêtir d'utilité, lorsqu'il concerne une ambition, se rattachant à une grande idée générale.

N'y a-t-il pas des gens qui poursuivent plusieurs buts à la fois ?

Si ces buts sont convergents, ces gens sont dans la vérité ; mais si les buts sont divergents, ceux qui les pourchassent devront se contenter de butiner le succès, sans parvenir à l'asservir.

III. — POUR REMÉDIER AU NÉANT DU BUT

Neuvième Leçon

LE NÉANT DU BUT

N'est-il pas des gens qui avouent leur impuissance à se créer un but ?

C'est le cas de certains défaillants de la volonté, qui s'interrogent en vain, sans parvenir à découvrir en eux une aspiration précise.

Que doit-on leur conseiller ?

Le seul remède à cette faiblesse morale est de chercher à faire naître dans ces esprits veules, la *Volonté de vouloir*.

De quelle façon ?

En les exhortant d'abord, à ne pas opposer de résistance à l'enseignement de la Volonté.

Que fera-t-on ensuite ?

On leur démontrera que la recherche d'un but est le vrai prétexte de vivre.

Et s'ils demeurent sans désir de but ?

On leur en fera apercevoir un : celui de cultiver la Volonté pour la Volonté elle-même, comme un jardinier cultiverait un germe dont il ignorerait l'espèce.

Quel sera le résultat de cette méthode ?

Ainsi que le jardinier cité plus haut, ils attendront que le germe soit suffisamment développé pour en déterminer le genre et y incorporer la greffe.

Qu'arrivera-t-il ?

Ce germe sera l'embryon du but, et la Volonté, la greffe merveilleuse qui aidera à en modifier la nature, à l'embellir et à lui faire porter des fruits.

Sera-ce tout ?

Non ; une fois ce principe posé et accepté, on procédera par élimination.

Qu'entendez-vous par l'élimination, par rapport au but ?

Ce genre d'élimination est une opération, qui permet de restreindre le choix, en rendant moins touffue la cohue des buts.

Développez cette théorie.

On dira à l'être privé de Volonté : « Vous ne savez pas ce que vous désirez faire, mais vous ne devez point ignorer la nature des choses que vous souhaiteriez « ne pas faire. »

En procédant par une série de questions, on éliminera d'abord les buts pour lesquels le sujet se sent de la répugnance, ou ceux envers lesquels il témoigne d'une ignorance trop flagrante, pour ne retenir que ceux, dont la nature lui est moins antipathique.

Que se produira-t-il, alors ?

Le domaine des buts se trouvant réduit, la fatigue de penser sera moindre et l'anarchie des idées se trouvera ainsi endiguée.

D'autre part, l'attention du sujet ayant été longuement retenue sur la question des buts, elle lui deviendra plus familière et le procédé d'élimination flattant sa faiblesse de vouloir, il se trouvera, de par cette même faiblesse, moins disposé à la résistance.

Qu'en concluez-vous ?

Il ne dépendra plus que de l'éducateur, de faire naître dans l'esprit de son élève le désir de buts insignifiants et presque inconscients, d'abord, puis, peu à peu, plus importants et plus virils.

N'est-il pas un autre moyen d'intéresser les indifférents au but ?

Il est quelquefois adroit de leur taire le mot en appelant leur attention sur la chose.

Pourquoi cette dissimulation ?

Elle a pour raison principale de leur céler la nécessité de l'effort constant, dont leur débilité morale leur a inspiré la haine.

Cependant, le but ne peut être atteint sans cet effort ?

Il s'agit simplement de capter leur attention et de la fixer sur le résultat, en leur donnant le désir de l'atteindre.

Voici plusieurs fois que vous parlez de l'attention, quel est son rôle dans la Volonté ?

Ce rôle est des plus importants, car sans l'attention, il n'est pas de volonté parfaitement définie, puisque la connaissance résultant de tout effort d'application, ne peut se développer que par une tension d'esprit, ne laissant point de place aux préoccupations étrangères à l'objet de l'étude.

IV. L'ATTENTION

Dixième Leçon

Qu'est-ce que l'Attention ?

L'attention est une application de l'esprit qui donne la volonté de concentrer les facultés de compréhension sur un objet déterminé.

Quel est le but de l'Attention ?

C'est l'assimilation de toute connaissance.

Par quels moyens ?

Par la considération exclusive de l'objet.

Qu'entendez-vous par ce mot : considération ?

C'est l'examen minutieux de la chose, qui doit faire le sujet de l'étude ou de la préoccupation présente.

A quel sens s'adresse l'Attention ?

Tous nos sens sont intéressés par l'attention.

Développez cette théorie.

Sans l'attention initiale, les perceptions seraient incomplètes, puisque la mémoire ne viendrait pas aider à l'enregistrement.

Comment l'attention intéresse-t-elle la vue ?

Par l'examen de l'objet, dont des perceptions visuelles antérieures, aident à fixer le degré d'importance, et, éventuellement, la nature des mutations, depuis la perception première.

L'Attention visuelle n'intéresse-t-elle que par les réminiscences ?

Elle intéresse encore par le désir d'amélioration que suscite la comparaison entre le présent et le passé.

L'Attention peut-elle embrasser l'avenir ?

Oui, car elle sert à découvrir les matériaux, propres à l'édification du progrès.

Le rôle visuel se borne-t-il là ?

Il est primordial dans l'attention, puisque le sens visuel est le véhicule, qui, par le moyen de la lecture, transporte maintes connaissances jusqu'à notre intelligence.

Suffit-il donc de lire pour acquérir la science ?

La lecture serait une besogne inutile, si on lisait sans attention.

C'est l'attention seule qui peut rendre la lecture fructueuse.

Qu'entendez-vous par ces mots : lire avec attention ?

C'est faire participer toutes les facultés d'application à la lecture, afin d'en percevoir, non seulement les termes, mais encore l'esprit.

Quel est le rôle de l'Ouïe dans l'attention ?

L'ouïe, en nous permettant de faire notre profit des arguments que l'on développe devant nous, vient sur le même rang que la vue, dans l'acquisition de la connaissance.

Ces deux sens peuvent se suppléer ou se compléter, suivant les cas.

Les autres sens ne concourent-ils pas au développement de l'attention

Tous les sens s'associent pour concourir au perfectionnement et à l'augmentation de l'attention.

De quelle façon ?

Nous avons appris comment la vue et l'ouïe la maintenaient, après l'avoir créée.

Le goût, s'il est secouru par l'attention, permettra de définir une saveur, autrefois perçue, et d'en déterminer la nature.

L'odorat aidera à distinguer les arômes, que notre attention, primitivement sollicitée, a classés soigneusement.

Le toucher fera reconnaître la forme et la qualité des choses, qui furent déjà palpées avec attention.

Quel est le but de ces rappels de mémoire ?

Élargir le domaine des connaissances, en tendant notre attention présente vers le désir d'un mieux relatif, qui deviendra une source certaine de progrès.

V. — LES DEUX ATTENTIONS
L'ATTENTION PERSONNELLE

Onzième Leçon

LES FORMES DIVERSES DE L'ATTENTION

L'attention ne doit-elle être considérée qu'à un seul point de vue ?

Elle doit être considérée à deux points de vue différents.

Lesquels ?

L'attention personnelle.
L'attention d'autrui.

Qu'entendez-vous par là ?

L'attention personnelle est une qualité que l'on s'efforce d'acquérir pour son propre compte.

L'attention d'autrui est un mouvement qu'il s'agit de susciter chez l'auditeur ou le lecteur.

Parlez-nous de l'Attention personnelle ?

L'attention personnelle se divise en deux phases :
1º L'effort positif principal.

2° Les efforts secondaires que l'on désigne parfois sous le titre d'efforts négatifs.

Qu'est-ce que l'effort positif principal ?

C'est celui qui concerne le but, dans son apparence synthétique.

Qu'entendez-vous par là ?

Nous savons déjà que le but se subdivise en plusieurs catégories, qui, en dehors du but final, planant sur toutes les tentatives, se composent d'une quantité plus ou moins considérable de buts principaux, que l'on atteint, à la condition seulement de remplir une foule de buts partiels.

Quel est le rapport de ces buts avec l'effort positif principal ?

L'effort positif principal comprend la recherche du but du même nom, alors que les efforts secondaires ou négatifs, représentent la foule des buts partiels.

Ces buts partiels ont-ils tous la même importance ?

Si quelques-uns d'entre eux, pris isolément, peuvent paraître entachés d'insignifiance, leurs réalisations successives n'en doivent pas moins être considérées comme autant de pierres ajoutées aux blocs de la réalisation principale.

Pouvez-vous donner un exemple ?

On pourrait appliquer à tous les genres d'attention celle dont le coureur doit faire preuve :

Son effort positif principal consiste en la conquête du but, dans le temps fixé pour l'atteindre.

Cet effort concerne donc la tension de la Volonté vers l'arrivée en temps utile, c'est-à-dire le souci d'un déploiement de force, d'agilité et de vitesse, dont l'assemblage doit produire le résultat désiré.

De quelle nature seront les efforts secondaires ?

Les efforts secondaires sont ceux qui viendront certifier et corroborer l'effort positif, qui, grâce à ces efforts auxiliaires, ne risquera pas de devenir stérile.

Développez votre pensée.

Sans perdre de vue l'effort principal, le coureur portera son attention sur les embûches qui se dressent sous ses pas.

Il saura, en évitant une déclivité de terrain, se garder d'une glissade.

Il prévoiera les tournants dangereux.

Il appréciera la distance qui le sépare de ceux qui le précèdent ou le suivent.

Il surveillera attentivement leurs efforts, afin de se tenir à l'abri d'une surprise.

Enfin, il ménagera ses forces, en vue de l'effort final.

Les efforts principaux précèdent-ils toujours les efforts secondaires ?

Il arrive parfois que l'attention personnelle suive le plan inverse et procède d'abord par les efforts secondaires, avant de se tourner vers l'effort principal.

Dans quel cas ?

Cette attitude se rencontre surtout dans les cas où le but définitif se trouve subordonné aux causes qui sont de nature à le déterminer.

Pourriez-vous donner un exemple ?

Comment agira un archéologue se trouvant en possession d'un objet dont il ne peut exactement définir l'origine et la destination primitive ?

Il fera d'abord abstention de tout jugement préconçu.

Puis il concentrera son attention sur l'examen minutieux de l'objet.

Son regard exercé en embrassera la forme, la couleur, les contours.

C'est à la suite de cet examen préliminaire seulement, qu'il fera appel à ses souvenirs scientifiques.

Il comparera, éliminera, conjecturera, en s'aidant des apports que ses efforts d'attention ont fourni à ses observations anciennes.

Enfin, en ajoutant les acquisitions du passé à celles du présent, il parviendra à établir sa conviction et aboutira à un classement définitif.

Faites, en ceci, la part de l'effort positif et celle des efforts secondaires ?

Dans ce cas, l'effort positif, synthèse du but principal, est le classement.

Cependant, dans l'ordre de succession il ne vient qu'après les efforts secondaires, puisque ce classement est subordonné aux observations qu'ils permettent de recueillir.

Quels sont les avantages de l'attention personnelle ?

Ils sont nombreux et de genres multiples.

Citez-en quelques-uns.

Nous avons dit déjà que l'attention est la condition expresse des conquêtes intellectuelles.

C'est grâce à elle que la mémoire obéit aux sollicitations, conscientes ou non.

De plus, il est facile de constater que les choses, étudiées avec un souci voulu d'application, n'ont pas la même tendance à s'effacer que celles, auxquelles il n'a été accordé qu'une attention superficielle.

C'est encore l'attention qui, en soulignant les détails, accessibles seulement aux esprits capables d'application, donne à la prévision l'occasion d'exercer son influence. bienfaisante.

Douzième Leçon

L'ATTENTION ET LA MÉMOIRE

L'Attention est-elle toujours subordonnée à la Mémoire ?

Oui, à partir de l'âge du discernement.

Pour quelles raisons ?

Parce que les éléments des acquisitions viennent toujours

grossir la somme des apports passés, ou servir de base aux évaluations futures.

La mémoire concerne-t-elle uniquement les choses intellectuelles ?

En ce qui concerne l'attention, elle s'applique aussi bien au souvenir des objets matériels qu'à celui des éléments intellectuels.

L'attention donnée aux objets matériels peut-elle influencer l'intellectualité ?

Elle est absolument nécessaire à la culture intellectuelle, car toute science a pour point de départ ou pour complément l'étude de choses tangibles.

Développez votre pensée.

Dans l'ordre général, l'attention accordée aux formes et aux couleurs, peut servir de documentation aux recherches de tout ordre.

Donnez des exemples.

Il serait impossible de s'instruire par la lecture, si notre attention n'avait, dès le début de l'initiation, été sollicitée par l'étude des formes, connues sous le nom de « caractères de l'alphabet » et si cette vision ne nous était renouvelée par ces mêmes caractères, composant les phrases des livres dans lesquels nous puisons la science.

Il en est ainsi pour ce qui concerne l'écriture.

C'est grâce à l'attention, accordée dans l'enfance à la

formation des caractères de l'écriture, que la mémoire dicte aux hommes le geste qui, en reproduisant ces caractères, devient le serviteur de leur pensée.

Sans l'attention initiale ils seraient incapables d'interpréter leurs sentiments, autrement que par la parole.

L'attention personnelle possède-t-elle encore d'autres vertus ?

C'est l'attention personnelle qui emmagasine toutes les observations concernant les circonstances ou les choses.

C'est elle encore qui donne le moyen d'en tirer des leçons.

De quelle façon ?

En ce qui regarde le côté intellectuel, l'attention enrichit le cerveau du trésor des connaissances, que la mémoire amplifie et conserve soigneusement.

Parlez-nous du côté matériel.

Elle met à même d'enregistrer certains détails, inaperçus des étourdis, détails dont l'apparition peut faire présager des complications fâcheuses.

Son rôle se borne-t-il là ?

Non, car l'attention, servie par la mémoire, préside à l'organisation de la défense, dont l'effet sera d'éviter, ou, tout au moins d'atténuer le danger prévu.

Est-ce tout ce que vous aviez à dire sur l'attention personnelle et la mémoire ?

L'attention personnelle, aidée par la mémoire, comporte

encore un grand nombre d'avantages, dont le propre est d'exercer une influence considérable sur les conditions de la vie sociale.

Sous quels rapports ?

Sous le rapport de l'urbanité des relations et du bien qui peut en découler.

Développez vos arguments.

L'attention personnelle, en aidant la mémoire à fixer certaines particularités, interdit les étourderies fâcheuses.

Qu'entendez-vous par ce mot : étourderies ?

L'absence d'attention, et, par conséquent, de mémoire, qui a pour effet de s'aliéner les bonnes grâces d'une personne dont on recherche la protection, en faisant allusion à des événements dont le souvenir lui est pénible.

On commet encore de regrettables étourderies :

En rappelant qu'un incident, destiné à être ignoré, est connu et commenté ouvertement.

En montrant une sympathie hors de propos, envers les ennemis déclarés de son interlocuteur.

En parlant sans affabilité de ses proches, l'attention personnelle n'étant pas venue rappeler les liens qui les unissent.

Les défaillants de l'attention ne pèchent-ils que par action ?

Ils pèchent encore par omission :

En négligeant de se remémorer le succès des personnes auxquelles ils s'adressent.

En oubliant de les féliciter d'un événement heureux.

En leur taisant la part que l'on prend à leurs chagrins ou à leurs deuils.

On peut encore commettre des maladresses dues à l'inattention, en marquant une distraction évidente lors de l'audition d'un récit.

L'inattention se montre-t-elle toujours sous la forme d'une préoccupation étrangère ?

Elle se manifeste aussi par des actes, presque inconscients.

Que voulez-vous dire ?

Il est des gens dont le manque d'attention se traduit par un geste machinal, indiquant le peu d'intérêt qu'ils prennent à ce qui se passe ou se dit devant eux.

Donnez des exemples.

Les uns dessinent, avec un semblant d'application, des figures géométriques.

D'autres découpent du papier.

Il en est qui continuent une besogne commencée, non sans avoir protesté du peu d'influence que leur geste avait sur la fuite de l'attention.

Ils sont peut-être sincères ?

Il est possible qu'ils croient l'être. Mais s'ils avaient la volonté d'analyser leurs sentiments, il leur suffirait d'enregistrer une seule observation pour se convaincre du gaspillage d'attention dont ils se rendent coupables.

Quelle est cette observation ?

Ils s'apercevraient que, dès que le sujet du discours les touche personnellement, ils délaissent découpures et dessins pour rester immobiles, les yeux fixés sur celui dont ils attendent une mention intéressante.

Qu'en concluez-vous ?

La culture de l'attention personnelle doit être regardée comme un des facteurs importants de la Volonté, car elle aide puissamment à l'installation du désir de vouloir.

Quel est le rôle de ce désir dans la Volonté ?

C'est celui d'un des agents les plus précieux.

Le désir de vouloir, augmenté de l'attention, en fixant les apports du passé, affermit les aspirations vers de futures acquisitions, que la mémoire gardera soigneusement, afin de les présenter, dès les premières sollicitations de la pensée.

VI. — L'ATTENTION D'AUTRUI

Treizième Leçon

LA DEUXIÈME FORME DE L'ATTENTION

Quelle est la deuxième forme de l'attention ?

C'est l'attention qu'il s'agit de provoquer chez les autres.

Par quel moyen ?

Au moyen de la Volonté de celui qui désire la susciter.

De quelle façon exercera-t-on cette Volonté ?

En la concentrant sur l'application à l'attention personnelle.

Dans quel but ?

Dans le but de saisir chez autrui les marques de fatigue ou de désintéressement.

Que faire en ce cas ?

Chercher à ressusciter l'attention défaillante d'autrui, par la création d'un intérêt nouveau.

9.

Qu'appelez-vous ; intérêt nouveau ?

C'est une sorte d'appel à l'attention, sous la forme d'un avertissement.

En quoi consiste cet avertissement ?

En un signe, annonçant à l'auditeur ou au lecteur qu'un incident nouveau va intervenir.

Pourquoi cette recherche d'incidents nouveaux ?

Pour éviter la monotonie, génératrice d'inattention.

Définissez la monotonie.

C'est une uniformité, de laquelle ne surgit aucun relief.

Comment peut-on éviter la monotonie ?

En en déterminant les causes, de façon à découvrir les fautes que l'on doit éviter.

Quelles sont les causes de la monotonie ?

Pour celui qui enseigne par la parole, les causes de la monotonie résident surtout dans :

Le choix du sujet.

La voix.

L'attitude.

L'expression.

Parlez-nous du choix du sujet.

Il n'est pas donné toujours de pouvoir choisir son sujet,

et, il en est de si mornes, que l'attention d'autrui ne peut s'y accrocher longtemps sans fatigue.

Que faire alors ?

Surveiller le moment où cette attention semble entrer dans la période sommeillante et la ranimer par une anecdote, se reliant au sujet, ou par une phrase brillante, qui sembleront autant de fleurs éclatantes, rompant l'aridité de la route et donnant le désir de la continuer, pour en rencontrer de semblables.

Parlez maintenant de la voix.

Le seul moyen de maintenir l'attention d'autrui est de varier ses intonations.

On s'appliquera donc à enfler ou abaisser le ton ; on passera du grave au tendre, du ton simple au ton pathétique, du sérieux au sourire.

On ponctuera ses discours de pauses légères. Suivant le degré d'attention que l'on constate chez autrui, on ralentira ou l'on pressera le débit.

Enfin, on ne devra pas craindre de créer un léger silence, pendant lequel, l'attention envolée reviendra de nouveau se poser sur le terrain qu'elle ne devrait pas abandonner.

Qu'entend-on par la monotonie de l'attitude ?

C'est celle qui résulte d'une immobilité trop grande, ou d'une répétition constante d'un même geste.

Celui qui veut maintenir l'attention d'autrui, aura des gestes sobres, rares, mais variés et aisés.

Ces gestes seront toujours en concordance parfaite avec l'esprit de ses discours.

Des mouvements trop emphatiques commenteraient mal des idées simples, tandis que des attitudes vulgaires seraient peu en harmonie avec des phrases lyriques.

Qu'est-ce que l'expression ?

L'expression, c'est le mot, c'est-à-dire le style.

Certains orateurs trouvent avec un rare bonheur la parole qui éveille une image précise.

Il en est d'autres qui rencontrent difficilement l'expression juste et se perdent dans des périphrases et des parenthèses, dont l'effet est toujours préjudiciable au maintien de l'attention chez les auditeurs.

Qu'en concluez-vous ?

Celui qui ne se sent pas doué d'éloquence, doit éviter les phrases ampoulées et les idées compliquées.

Il s'exercera à penser simplement et à traduire ses pensées en un langage clair et précis.

Les gens sans éloquence ne devraient-ils pas observer le silence ?

Non, s'ils ont une idée intéressante à exposer.

Il s'agit avant tout de ne laisser aucune idée improductive, et, n'auraient-ils réussi à gagner qu'un auditeur sur mille, à la cause de la vérité, ils devraient encore parodier un mot célèbre en s'écriant : « Je n'ai pas perdu ma journée, puisque, par la force de ma Volonté, j'ai associé une pensée nouvelle au monde, déjà si vaste, de l'idée et initié un être au moyen de conquérir le bonheur, sous sa forme la plus parfaite : celle du désir de la connaissance, augmentée constamment par la Volonté de la marche vers le Mieux. »

QUATRIÈME PARTIE

I. — LES MOYENS D'ACQUÉRIR LA VOLONTÉ

LES ÉLÉMENTS NÉCESSAIRES A L'ACQUISITION DE LA VOLONTÉ

Première Leçon

L'Etude de la volonté se borne-t-elle à l'enseignement des principes que nous avons énoncés ?

Celui qui entreprend la conquête de la Volonté, ne doit pas limiter son ambition à la connaissance des principes.

Que doit-il faire en outre ?

Il doit se préoccuper des moyens d'en affirmer la puissance et de se consolider dans leur possession.

De quelle façon ?

En créant autour de lui l'ambiance physique et mentale, propice au maintien des bonnes résolutions.

Qu'aura-t-il à faire pour cela ?

Il aura à suivre les prescriptions de l'école de la Volonté, en cultivant son esprit et son corps, afin d'en faire les tabernacles, destinés à abriter cette vertu, en la protégeant contre les assauts des forces contraires.

Qu'appelez-vous les forces contraires ?

Elles sont nombreuses et de natures différentes.

Pourriez vous en citer quelques-unes ?

On pourrait les résumer ainsi :

1º La débilité physique.

2º La veulerie mentale.

Quelle influence peut avoir la débilité physique sur la Volonté ?

Une influence primordiale, car la débilité physique est une cause certaine de l'affaiblissement des forces mentales.

Comment l'entendez-vous ?

Même chez ceux qui font profession de stoïcisme, le malaise physique ou la maladie produisent toujours la diminution des énergies corporelles, et, cet état d'amoindrissement physique, quand bien même il serait éphémère, occasionne inévitablement une dépression mentale, temporaire ou chronique, suivant la durée ou la gravité de l'affection.

La Volonté a-t-elle une influence sur la santé ?

Oui ; la Volonté a sur la santé une influence certaine.

Dites-en les raisons ?

Dans l'état de maladie, elle aide à produire l'énergie nécessaire à la connaissance exacte du mal et elle soutient les résolutions concernant les remèdes, ennuyeux ou douloureux, qui doivent le faire cesser.

Dans l'état normal, elle conseille et dirige les soins, tendant à la conservation de cet état et à la production d'un état mental favorable.

En quoi consiste ces soins ?

Ils font partie des éléments d'application, dont la pratique comporte l'acquisition de la Volonté.

Deuxième Leçon

LES ÉLÉMENTS D'APPLICATION

Qu'appelez-vous : éléments d'application ?

Ce sont les moyens propres à maintenir la Volonté par l'application.

Quels sont-ils ?

Il en est trois principaux.

Citez-les.

1º L'étude analytique et raisonnée de la Volonté.
2º Les exercices physiques.
3º Les exercices mentaux.

Qu'appelez-vous : l'étude analytique et raisonnée de la Volonté ?

C'est celle que contiennent les trois premières parties de cet ouvrage.

Qu'entendez-vous par ces mots : exercices physiques ?

Ce sont les exercices comportant les mouvements corporels, ordonnés par les professeurs de Volonté.

Dans quel but ?

Dans le but d'établir, chez les étudiants, l'équilibre générateur du bon état physique et mental.

Ces états sont-ils dépendants ?

Ils sont, en effet, mutuellement dépendants.

De quelle manière ?

Par la raison que, ainsi qu'il a été dit au chapitre précédent, si un organisme affaibli est, pour une âme forte, un auxiliaire médiocre, il devient, pour les mentalités ordinaires, un objet de préoccupation, qui domine et abolit toutes les autres.

Parlez-nous des exercices mentaux.

Les exercices mentaux ont pour effet de solliciter, d'abord, de discipliner ensuite, les manifestations de la Volonté, dont quelques-unes ont pour but l'entretien de la santé physique.

Auquels de ces exercices doit-on accorder la prédominance ?

Au début de l'enseignement, ils ont une importance égale.

Dans quel ordre doit-on les étudier ?

Dans l'ordre où ils sont mentionnés au commencement de cette leçon.

Devra-t-on commencer par les exercices physiques ?

On fait toujours concorder le premier exercice physique avec la démonstration des premiers préceptes, en sorte que cet exercice soit le corollaire du premier pas que fait l'étudiant, dans le chemin de la Volonté.

Pourquoi les exercices physiques doivent-ils être les premiers en date ?

Parce que le principal de ces exercices est destiné à créer le *Rythme*, physique d'abord, idéal, mental et physique ensuite, qui règlera plus tard les actes et les pensées de l'adepte de la Volonté.

Qu'entendez-vous par là ?

La vie de l'être de Volonté doit être une harmonie, dont le rythme maintient et marque les phases.

Comment peut-on créer cette harmonie ?

Par la pratique raisonnée des exercices physiques et mentaux, jointe à l'étude analytique et raisonnée de la Volonté.

Quel est le moyen d'obtenir ce rythme ?

On ne peut se l'assimiler sans la pratique de la *Respiration Rythmique*.

II. — LA RESPIRATION RYTHMIQUE

❡ ❡ ❡

Troisième Leçon

LA RESPIRATION ET L'ORGANISME PHYSIQUE

Quel est le rôle de la respiration dans l'organisme physique ?

On ne saurait assez s'appesantir sur le rôle de la respiration sur le système vital.

En amenant l'oxygène dans les poumons, elle renouvelle le courant sanguin et active la combustion des impuretés charriées par le sang, qui se trouve ainsi purifié, au moment où une nouvelle aspiration le refoule dans les artères.

Qu'en déduisez-vous par rapport à la Volonté ?

Étant donné que le principe respiratoire est le grand purificateur, il faut donc s'efforcer, pour obtenir la santé, source de force physique, de rendre l'épuration aussi complète que possible.

Par quels moyens ?

Il est indubitable que des poumons mal entraînés sont incapables d'emmagasiner la même quantité d'air que ceux, dont un exercice quotidien assure la soumission parfaite.

C'est cet exercice qu'il s'agit de pratiquer régulièrement, en observant les principes de la respiration rythmique.

Sur quoi sont basés ces principes ?

Sur un raisonnement indiscutable.

Développez-le.

Si les cellules nombreuses composant les poumons, sont imparfaitement remplies, l'épuration du sang n'a lieu que d'une façon incomplète, car, pour parvenir à la respiration réellement purificatrice, les poumons doivent être bi-quotidiennement soumis à une gymnastique, destinée à éviter l'atrophie partielle.

Quel est l'effet de cette gymnastique ?

Chaque globule de sang, en se chargeant d'oxygène, porte vers les tissus un principe, à la fois éliminateur et rénovateur, dont l'effet est une distribution intense d'énergie.

Qu'en concluez-vous ?

La respiration, bien comprise, est, au physique comme au moral, un élément essentiel de force et de santé.

Quatrième Leçon
LA RESPIRATION ET L'ORGANISME MENTAL

Quelle est l'influence de la respiration sur l'organisme mental ?

En vivifiant le corps, elle répand dans tous les organes

mentaux une vitalité intense, préparant ainsi la voie aux résolutions, hardies ou patientes, audacieuses ou longuement élaborées, qui sont le prélude d'actes de Volonté correspondants.

Développez cette théorie.

Il a été prouvé bien souvent que, non seulement la puissance corporelle, mais encore le calme et la force morale, sont en rapport avec l'ampleur des poumons.

Or, les irrésolus souffrent presque toujours de la débilité de leur appareil respiratoire.

La respiration, pratiquée aussi intégralement que possible, est donc un véritable distributeur de cette activité qui, pour amener le bon équilibre, doit se partager entre le cerveau et les poumons.

Existe-t-il plusieurs modes de respiration ?

On en compte trois principaux ; mais nous n'en retiendrons qu'un seul, celui qui nous paraît représenter tous les avantages des deux autres, en supprimant les inconvénients qui les caractérisent.

Pourriez-vous nommer ces modes ?

La respiration diaphragmatique ou abdominale.
La respiration claviculaire.
La respiration costale ou latérale.

Quel est le mode préconisé dans la recherche de la Volonté ?

La respiration costale.

Pour quels motifs ?

1º Parce qu'elle ne présente pas les mêmes dangers que la respiration diaphragmatique, qui, par la pression du diaphragme sur les autres organes, amène parfois des troubles.

2º Parce qu'elle n'offre pas les inconvénients de la respiration claviculaire, qui doit soulever toute une masse osseuse et force à renouveler fréquemment l'effort respiratoire.

3º Enfin, parce que, par la respiration costale, mieux que par tout autre mode, les cellules profondes sont atteintes sûrement par l'air, c'est-à-dire arrachées à l'atrophie qui les guette, dans tout autre mode respiratoire.

Cinquième Leçon

LA RESPIRATION RYTHMIQUE

Parlez-nous maintenant de la respiration costale, par rapport à la respiration rythmique.

La respiration rythmique se pratique toujours d'après le mode costal.

Pourriez-vous nous en donner la démonstration ?

La respiration costale rythmique, comprend trois mouvements

1º L'aspiration.

2º La conservation du souffle.

3º L'expiration.

Comment doit-elle se pratiquer ?

Il s'agit, étant dans la position verticale, de ramener ses mains, légèrement en arrière, et, tout en maintenant la tête et le corps bien droits, d'aspirer lentement par les narines.

Pourquoi par les narines ?

Ceci est très important, car les narines étant un filtre naturel, l'air parvient ainsi aux poumons, dégagé de la plupart des impuretés qu'il charrie.

En même temps, on s'appliquera à provoquer l'extension des côtes de la partie inférieure de la poitrine, afin que toutes les cellules, même les plus profondes, puissent s'emplir d'air.

C'est le premier mouvement.

Quel est le deuxième ?

La conservation du souffle.

Qu'entendez-vous par là ?

Après avoir aspiré l'air, on le retiendra, pendant un temps déterminé.

Quel est le troisième mouvement ?

L'expiration. Après avoir aspiré l'air par les narines et

l'avoir conservé quelques instants, on ouvrira la bouche en le laissant partir lentement.

Alors les côtes, soulevées pendant l'aspiration, s'abaissent ; l'élargissement provoqué diminue, à mesure que le souffle s'exhale, donnant ainsi l'impression d'un accordéon s'ouvrant et se fermant.

La phase de la respiration est terminée.

On laisse alors s'écouler un temps,que nous déterminerons tout à l'heure, pendant lequel on respire naturellement, puis on reprend l'exercice.

Pourquoi qualifie-t-on ce mode de rythmique ?

Parce que chacun de ses mouvements est rythmé par une égale cadence.

Que voulez-vous dire par là ?

Dans la *respiration rythmique*, il s'agit d'inhaler une quantité d'air, pendant un temps défini, et d'employer un temps identique à la production de chacun des mouvements que nous venons de décrire.

Sur quelle base fixe-t-on la durée des respirations ?

La respiration normale se chiffre par vingt aspirations et autant d'exhalaisons par minute.

En décomposant ce chiffre, on trouve donc douze secondes par période complète de respiration ordinaire.

On en a conclu qu'un débutant peut, sans fatigue aucune, et sans excéder le temps normal de la respiration, compter :

4 secondes d'aspiration.

4 secondes de conservation du souffle.

4 secondes d'expiration.

Ce chiffre est-il le même pour tous ?

Lorsque, par la pratique d'un exercice quotidien, les cellules seront tirées de leur inertie et qu'une impulsion plus forte sera donnée aux poumons, on pourra augmenter le nombre des secondes, mais à une condition, pourtant.

Laquelle ?

On devra observer la même mesure pour tous les mouvements, constituant les trois phases de la respiration.

Pouvez-vous donner un exemple ?

Le mouvement du début, celui que nous venons de décrire, pourrait se décomposer ainsi :

4-4-4, pour chacune des périodes de l'exercice respiratoire.

(4) respirations ordinaires.

4-4-4, exercice respiratoire, etc., etc...

Par la suite, ils pourront se décomposer par 5-5-5 (5).

6-6-6. (6) et même par des chiffres plus élevés, mais, en aucun cas, le nombre des secondes ne doit être rompu ni altéré.

Qu'appelez-vous rompu et altéré ?

Certaines personnes observent plus difficilement que

d'autres la durée de l'*aspiration* ; il en est pour lesquelles l'obstacle gît dans la *conservation du souffle* et, inconsciemment, chacune d'elles serait tentée de restreindre ce temps, pour prolonger celui de l'*expiration*, toujours plus facile.

Quel inconvénient y aurait-il à cela ?

Celui de briser le rythme.

Le rythme a-t-il vraiment autant d'importance ?

Oui, car ainsi qu'il a été dit, le rythme est la cadence, réelle d'abord, puis idéale ensuite, qui aide à la répartition des efforts, en établissant l'harmonie des gestes, des pensées, des résolutions et des actes.

Le rythme est un auxiliaire puissant de la Volonté ; c'est le régulateur des énergies, c'est l'archet magique, dirigeant la cadence de la vie, dans une mesure, obéissant aux lois éternelles de la Volonté raisonnée, sans laquelle aucun bonheur n'est complet.

Est-il encore d'autres exercices physiques ?

Il en est peu qui soient purement physiques.

Tous ceux qui ont une importance dans l'acquisition de la Volonté se doublent d'exercices mentaux, ou, tout au moins, d'une application mentale positive.

Dans quel but ?

Afin d'obtenir la fixité de la Volonté, en instaurant en soi le règne de la discipline mentale.

III. — LES EXERCICES MENTAUX

Sixième Leçon

Qu'appelez-vous : exercices mentaux ?

Ce sont les exercices comportant le désir d'exécuter un acte de Volonté, dans le temps et dans les circonstances où l'on a résolu de l'effectuer.

Pourriez-vous entrer dans des détails ?

Tous les exercices mentaux sont basés sur le principe suivant :

« La démonstration de la Volonté réside surtout dans l'observance d'une résolution. »

Il s'agit donc de prendre une résolution, quelle qu'elle soit, et de s'appliquer à en assurer la ponctuelle exécution.

Les exercices mentaux sont-ils très compliqués ?

Assurément non. Ils pourraient même paraître très puérils, à ceux qui ne sont pas initiés.

Cependant, ils sont indispensables à la formation de la Volonté.

Pourquoi choisir des exercices puérils ?

Parce que l'importance de l'exercice ne réside pas dans

la grandeur de l'acte accompli, mais seulement en sa production, dans un moment que la Volonté a défini, et *qui ne doit être ni avancé, ni dépassé.*

Pourriez-vous donner des exemples ?

Nous avons déjà dit qu'on devait, surtout au début, choisir des exercices très simples. Par exemple :

On se dira :

« Demain, à onze heures et quart, je prendrai une pièce dans mon porte-monnaie et je la changerai de compartiment. »

Ou encore :

« Lorsque sonnera telle heure, je sortirai mon mouchoir. »

Ou bien :

Demain, à trois heures, je prendrai mes clefs dans ma main. »

Pourquoi choisir des exercices aussi faciles ?

Parce qu'il ne s'agit pas d'effectuer un acte compliqué, mais simplement de réaliser à l'heure et au jour que l'on a fixés d'avance, une résolution dictée par le désir d'exercer sa Volonté.

Comment dans ce cas la Volonté s'exerce-t-elle ?

De plusieurs manières :

1º Volonté d'arrêter une résolution, dans le but de parvenir à discipliner sa pensée et ses actes.

2º Volonté de donner, au moment voulu, la prépondérance à la pensée de l'acte prémédité.

3º Volonté d'un accomplissement, entraînant avec lui, non la satisfaction impossible d'avoir réalisé un acte puéril, mais le contentement, résultant de la constatation de la discipline morale.

4º Volonté d'élaborer de plus sérieux projets et résolution d'obéir aux injonctions que l'on croira utile de se dicter.

Pourquoi ne pas choisir un but plus utile que ces exercices ?

Parce qu'ils n'ont pour effet que d'exercer la volonté de l'obéissance et celle de la mémoire, en triomphant d'une légèreté d'esprit, propre à laisser l'oubli se glisser dans le cerveau.

N'y a-t-il pas d'autres raisons ?

Il y en a encore une :

Il faut éviter à l'étourderie, l'émission de prétextes, qui seraient trop aisés à fournir, pour excuser un oubli, si l'exercice mental reposait sur la production d'un geste, qu'il serait difficile d'effectuer à tous les moments de la journée et dans toutes les circonstances.

Quel autre exercice mentionnez-vous encore ?

Le rappel fragmentaire.

Qu'entendez-vous par là ?

Le rappel fragmentaire est une sorte d'examen, portant

sur de très petites fractions de la journée, dont il s'agira de se représenter les détails, dans l'ordre où ils sont survenus.

Dans quel but ?

Dans le but de dresser sa Volonté contre les pensées étrangères dont l'invasion se produit toujours chez les débutants, sous forme de pensées dépendantes d'abord, qui, par un enchaînement bien connu, transportent l'esprit très loin de la pensée initiale.

Comment remédier à cet envahissement ?

En faisant appel à la Volonté, qui apparaît toujours si on la sollicite sincèrement.

Développez votre explication.

Dès que l'on s'aperçoit de l'intrusion des pensées étrangères, il est indispensable de rompre immédiatement la chaîne, pour revenir, par un effort absolu de Volonté à l'idée première et recommencer l'examen, (*que l'on reprendra au début*), en faisant les efforts d'attention, propres à endiguer le flot des pensées parasites.

Que ferez-vous si ces pensées se présentent encore ?

Dans le cas où elles livreraient un nouvel assaut, on réitérerait l'appel à la Volonté, afin de mener à bien l'exercice, que l'on reprendra inlassablement, tant que le résultat n'aura pas été obtenu.

Qu'entendez-vous par ces mots : le résultat ?

Le résultat énergiquement voulu consiste à reconstruire mentalement la période évoquée et à se la représenter avec sa succession réelle d'événements, dépourvus de toute adjonction dérogatoire.

Cet exercice ne comporte-t-il pas de grandes difficultés pour un débutant ?

C'est à cause de ces difficultés, qu'on recommande aux novices de la Volonté de n'embrasser qu'une très petite partie de temps, afin de pouvoir sortir de l'épreuve sans trop de découragement.

Pourriez-vous citer encore d'autres exercices ?

Il en est un dont l'observance est un appoint capital dans l'acquisition de la Volonté.

En quoi consiste-t-il ?

Éveiller d'abord, puis attirer l'idée de calme, afin de s'en imprégner profondément.

Dans quel but ?

Dans le but de faire naître en soi la placidité d'âme, qui laisse à la pensée le loisir de s'épanouir.

C'est dans le calme que les résolutions efficaces puisent leur source.

C'est dans le calme encore que s'élaborent les décisions fructueuses.

C'est dans le calme, enfin, que doivent s'accomplir les actes essentiels.

Faites la démonstration de cet exercice.

On s'installera, le plus commodément possible, dans un endroit où l'on sera certain de trouver la solitude, pendant un temps, qui, au début, peut être fixé à dix minutes, environ.

Expliquez le sens du mot : commodément ?

On doit s'appliquer à ce qu'aucun désagrément physique ne vienne interposer une pensée de malaise entre l'idée de calme et l'impression que l'on veut créer en soi.

C'est pourquoi l'on doit éviter toute incommodité, qui éveillerait un désir d'atténuation ou de suppression.

Que se passe-t-il ensuite ?

Après avoir procédé à l'exercice de la respiration rythmique, on gardera l'immobilité, en s'efforçant d'évoquer l'idée de calme et en s'appliquant à s'en imprégner aussi complètement qu'il sera possible.

Pour aider à cette formation, on émettra TOUT HAUT l'appel suivant :

J'APPELLE LE CALME

Après quelques minutes, cet appel ayant été renouvelé trois ou quatre fois, on formulera, toujours à VOIX HAUTE ce souhait :

LE CALME SE FERA EN MOI

Enfin, dès que, par la vertu des injonctions répétées, on sentira une détente se produire en soi, on prononcera lentement ces mots :

J'AI ACQUIS LE CALME

On connaît la puissance magique des mots, et, si l'on se rappelle le principe que nous avons émis, au chapitre du sang-froid, on comprendra quelle est l'importance de cet exercice, puisqu'il a été souvent prouvé que l'attitude et les mots traduisant un sentiment, ont pour effet de déclencher les impulsions qui le constituent.

Y a-t-il encore d'autres exercices ?

On en compte de nombreux et l'on pourrait emplir des pages avec les démonstrations qui les concernent.

Pourriez-vous donner encore quelques exemples ?

Après avoir procédé aux exercices de la respiration rythmique, on prendra dans sa main gauche un gland en passementerie, dont les effilés seront assez fournis.

De la main droite on les séparera, en les comptant un par un.

Cette opération terminée, on notera le total obtenu et l'on recommencera deux fois encore l'expérience.

Il ne sera permis d'admettre un succès, que si le même nombre est trouvé trois fois de suite.

Dans le cas où les totaux différeraient, il faudrait recommencer l'expérience, qui, pour être valable doit, (il faut le répéter encore), donner trois fois de suite le même chiffre.

Pendant la durée de l'exercice, on devra se garder de marquer la moindre impatience.

Si un mouvement de colère ou de nervosité se produisait, on ne pourrait se targuer de réussite complète.

Parlez d'un autre exercice.

On se sert encore de grains de plomb que l'on transporte d'un récipient dans un autre, en les comptant exactement.

Il s'agit aussi de parvenir, sans témoigner d'impatience, à trouver trois fois de suite le même compte de grains.

En un mot, tous les actes qui exigent des qualités de patience et de maîtrise de soi, doivent être recherchés et combinés, pour le plus grand développement de la Volonté et son épanouissement définitif.

Chacun de ces actes doit-il appartenir à ce même ordre d'idée ?

En aucun cas, le choix des exercices ne peut reposer sur une base d'une nature opposée à celle qui soutient l'idée de Volonté.

Développez votre pensée.

La conquête de la Volonté est contenue dans les formules suivantes :

Respiration rythmique.
Rappel fragmentaire *intégral*.
Invocations et injonctions.
Exercices physiques et mentaux, dont le but est le maintien d'une Volonté patiente et ferme.

Ne peut-on, suivant les cas, varier ces exercices ?

On les variera suivant les aptitudes, les faiblesses, les défectuosités que l'on aura à combattre, sans s'écarter cependant des prescriptions contenues dans les formules plus haut citées.

Qu'arriverait-il si on les négligeait ?

On n'obtiendrait qu'une volonté tronquée, aux manifestations incomplètes et intermittentes, lamentable effigie de la doctrine préconisée en ce livre.

CONCLUSION

Qu'avez-vous à dire, pour servir de conclusion aux affirmations contenues en ce volume ?

L'étude de la Volonté devrait, à l'heure actuelle, s'imposer aussi nécessairement que toutes celles qui s'inscrivent aux programmes universitaires.

Pour quelles raisons ?

Parce que la Volonté est une vertu harmonieuse, dont les préceptes rythment la vie, en y installant le sentiment le plus désirable de tous : L'Orgueil de soi-même, engendré par la constatation de la maîtrise personnelle.

Celui-là seul qui sait se dominer lui-même peut dominer les autres. Et, s'il fut un temps où la vénération allait à l'homme dont on pouvait dire : « C'est un saint », nous sommes à l'époque où l'admiration et la confiance s'adressent à l'adepte de la Volonté dont on dit :

« CELUI-LA EST UNE FORCE. »

TABLE DES MATIÈRES

ÉTAMPES. — IMP. " LA SEMEUSE ". — 28760

www.ingramcontent.com/pod-product-compliance
Ingram Content Group UK Ltd.
Pitfield, Milton Keynes, MK11 3LW, UK
UKHW021629170726
13836UKWH00005B/2122